글바위, 하늘의 문

울산 천전리 각석 이야기

전호태 지음

진인진

글바위, 하늘의 문 – 울산 천전리 각석 이야기

초판 1쇄 발행 | 2020년 10월 20일

저　　자 | 전호태
편　　집 | 배원일·김민경
발행인 | 김태진
발행처 | 진인진
등　　록 | 제25100-2005-000003호
주　　소 | 경기도 과천시 별양상가 1로 18 614호(별양동 과천오피스텔)
전　　화 | 02-507-3077-8
팩　　스 | 02-507-3079
홈페이지 | http://www.zininzin.co.kr
이메일 | pub@zininzin.co.kr

ⓒ 진인진 2020
ISBN 978-89-6347-447-2 03910

＊ 책값은 표지 뒤에 있습니다.

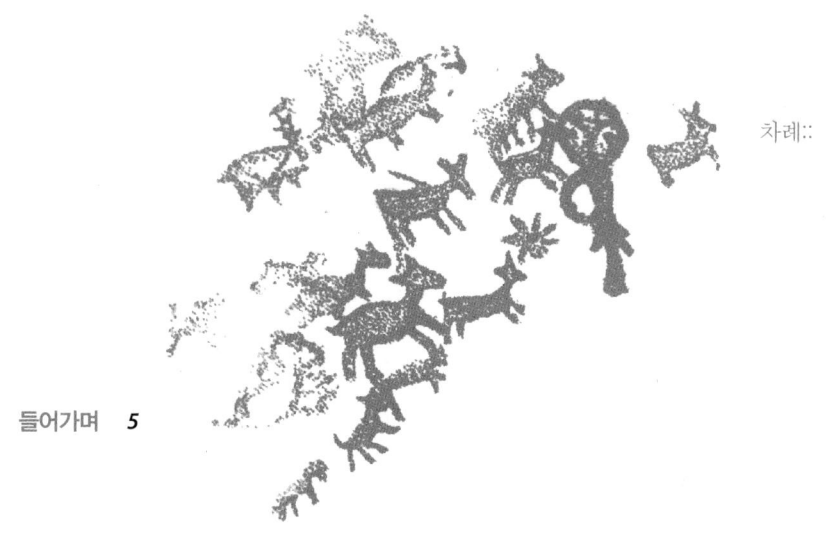

차례::

들어가며 5

바위그림 앞에서 묻고 답하다 11
   Q1. 사람들이 언제부터 돌에 뭔가를 그리거나 새겼어요?
   Q2. 생각을 그리거나 새긴다고요?
   Q3. 왜 돌에 새겨요? 다른 것에 새기거나 그리면 안 돼요?
   Q4. 어디엔 새기고 어딘 안 새기고, 어떤 바위에는 빌고 또 어떤 바위는 거들떠
       보지도 않고, 왜 그래요?
   Q5. 다른 나라에서도 바위에 뭘 새기거나 그려요?

큰 냇골, 글바위 앞에 서다 21

네발짐승 사이에서 길을 찾다 35

무늬처럼 새겨진 글 63

선으로만 남은 기억, 누가 언제 왔는가? 99

왕이 될 사람이 다녀간 곳, 신라 왕가의 방문 기록 133
   · 525년 가을, 신라 법흥왕 12년,
     왕의 동생 사부지갈문왕과 어사추녀랑왕이 서석곡에 오다

- 539년 가을, 신라 법흥왕 26년,
  사부지갈문왕의 아들 심맥부지(진흥왕)가 어머니와 서석곡에 오다
- 박 씨, 석 씨, 김 씨 가문 사람들이 차례로 신라 왕위에 오르다
- 김알지 가문 사람들이 서석곡 큰 바위를 찾아오다
- 마립간시대, 신라 왕가의 사람이 된 고구려 공주가 서석곡을 찾다
- 사부지갈문왕의 왕비 지몰시혜비가 왕자 심맥부지(진흥왕)의 시대를 준비하다
- 가야 왕손 김무력(김유신의 아버지)이 내일을 꿈꾸며 글바위를 찾다
- 천 년 동안 새겨진 글, 왕실과 스님, 귀족과 화랑이 남긴 명문들

간절한 바람으로 남긴 선과 구멍　181

- 그으며 빌고, 갈며 빌다
- 영험한 바위 앞에 절집을 짓다
- 바위신앙이 이어지다

주　217

참고문헌　223

울산 천전리 각석 연구 및 스토리텔링에 참고가 되는 문헌목록　225

지은이 소개　229

찾아보기　233

• • • •

들어가며

　　울주 천전리 각석은 국보다. 1971년 겨울, 동국대학교 불교유적조사단이 발견하여 언론을 통해 세상에 알렸다. 1972년 국보 147호로 지정되어 국가가 보호, 관리하는 유적이 되었다. 울산의 국보 1호이다.
　　각석의 첫 이름은 서석이다. 525년 신라 법흥왕의 동생 사부지갈문왕이 이곳에 와 바위에 글을 새기게 하면서 골짝 이름을 글바윗골이라는 뜻의 '서석곡'이라 부르게 했다. 신라 왕경 끝자락인 이 골짝에 귀족, 화랑, 승려들이 다녀가면서 언제부턴가 서석은 문암으로 불리게 되었다. 서석이나 문암, 모두 '글바위'라는 뜻이다. 그러나 두 이름은 뉘앙스가 다르다. 서석은 '새겨진 글'에 방점이 찍혔고, 문암은 '큰 바위'에 무게가 두어졌다고 할 수 있다. 단순하게 이해하면 하나는 글이 새겨진 돌이고, 다른 하나는 글자가 있는 바위다.
　　천전리 각석은 특별한 바위다. 수천 년 동안 많은 사람이 찾아와 자기들의 마음을 이 바위에 쏟고 흔적을 남겼기 때문이다. 이 바위 앞을 흐르는 대곡천 곁 반구대 암각화도 각석처럼 많은 이야기를 담아내지는 못하고 있다. 선사시대 유적인 반구대 암각화는 역사시대에는 잊힌다. 그러나 천전리 각석은 선사시대부터 지금까지 사람과의 만남이 유지되고 있다. 이 점에서 천전리 각석은 특별한 사례에 해당한다.

고개를 약간 숙인 이 편평하고 넓은 바위에 처음 새겨진 것은 주로 네발짐승들이다. 사슴이며 노루, 개와 늑대, 표범, 호랑이 등이 바위에 새겨졌다. 선사시대의 예술가들은 석영질의 단단한 돌로 바위를 점 찍듯이 찍어 짐승과 사람, 물고기의 형상이 드러나게 했다. 암수가 쌍을 이루거나 머리에 큰 뿔이 달린 짐승들이 바위에서 가장 볕이 잘 드는 화면의 위쪽에 넓고 고르게 새겨졌다. 짐승들 사이로 가끔 사람도 보이고 고래나 상어 같은 바다의 생명체들도 모습을 드러낸다.

바위 면에 비교적 얕게 새겨진 네발짐승과 여러 종류의 형상들은 오랜 세월이 흐른 뒤 이 바위를 찾은 새로운 예술가들에 의해 제 모습을 아예 잃거나 일부분만 남겨진다. 대곡천 곁 깊은 골짝으로 들어온 또 한 무리의 사람들은 오랫동안 인적이 끊겼던 바위 앞에 서서 자기들의 말과 마음을 그림 기호로 쏟아냈다. 바위를 깊게 쪼고 굵고 넓게 갈아낸 까닭에 대곡천 건너 너럭바위 앞에서도 이 사람들이 새긴 동심원과 겹마름모, 뱀과 물고기, 사람의 얼굴을 볼 수 있다. 이 사람들이 이곳에 머문 지 오래지 않아 큰 바위는 덩어리진 동심원, 줄지어 선 겹마름모로 채워졌다. 이들이 쓰던 언어 기호가 바위에 기록된 것이다.

후대에 기하문으로 불리는 두 번째 바위 새김으로 말미암아 세 번째로 이 바위를 찾은 역사시대의 사람들은 볕이 잘 드는 위쪽에 자기들의 흔적을 남기기는 힘들다는 것을 알았다. 신라 왕경에서 온 이 사람들은 바위 아래쪽 그늘진 곳에 자기들의 모습을 그어 새겼다. 이들은 날카로운 철제 도구를 사용하여 말과 사람, 배, 새, 용, 연못 등을 바위 화면에 옮겼다. 바위 전체에 볕이 드는 시간 전후 바위 앞에 엎드려 눈여겨보아야만 볼 수 있는 선 긋기 그림들이다. 이 그림들은 바위 아래 한쪽 끝에서 다른

쪽 끝까지 여러 개의 장면으로 나뉜다.

언제부턴가 신라 왕경에서 이 골짝을 찾아온 사람들은 자기들의 이름이며 이곳에 온 이유를 바위 화면에 한자로 새겨 남기기 시작했다. 신라 법흥왕의 동생 사부지갈문왕은 자신을 포함한 왕실 사람들이 이 바위를 찾아왔다는 사실을 바위에 칸 지르고 줄 맞추어 새기게 했다. 525년의 일이다. 학자들은 이 명문을 '원명(原銘)'이라고 부른다. 이로부터 14년 뒤인 539년, 사부지갈문왕의 왕비 지소부인이 어머니인 법흥왕의 왕비 부걸지비를 모시고 자신의 어린 아들 심맥부지와 함께 이곳을 찾아왔다. 이들은 원명 곁에 신라 왕실 사람들의 두 번째 방문 사실을 기록하게 한다. 이 명문이 '추명(追銘)'이다. 왕자 심맥부지는 이 바위를 찾아온 다음 해인 540년, 7살의 어린 나이로 신라왕이 된다. 신라가 고구려, 백제와 함께 삼국시대의 주역 중 하나가 되게 한 인물인 '진흥왕'이 바로 이 사람이다.

신라시대에 천전리 각석은 귀족이나 승려가 아니라도 누구나 찾아올 수 있는 곳이었다. 신라 왕경에 속하지만 변두리 산골짝 깊은 곳에 자리 잡은 큰 바위라 아무나 쉽게 찾아올 수 있는 곳도 아니었다. 평소 사람 발자취를 찾기 어려운 이 골짝의 주인은 사람이 아니라 짐승이었음이 틀림없다. 호랑이나 늑대와 맞닥뜨릴 수도 있는 곳이라 큰맘 먹고 무리를 이루어야만 찾아올 엄두라도 낼 수 있었으리라.

울산 천전리 각석에는 신라의 귀족이나 화랑 외에 평범한 사람들이 찾아와 남긴 흔적이 무수히 많다. 주로 바위 아래쪽에 짧게 그어진 수많은 선은 지위나 신분을 떠나 신성한 바위에 소원을 빈 흔적들이다. 시대와 지역에 관계없이 보편적으로 발견되는 바위신앙이 신라에도 있었음을 알려 주는 증거물이기도 하다. 몸을 바위에 대고 비비며 아이 낳기를 구하거나, 바위에 글자를 한두 자씩 새기며 비 내리기를 빌고, 선을 그어 갖가지 소원을 바위에 기억시키는 행위는 세계 어디서나 행해진다. 천전리 각석도 그런 바위신앙의 대상 가운데 하나였다.

　바위에 그림을 그리거나 새겨 넣는 일은 구석기시대부터 시작되었다. 하루하루가 생존을 위한 시간이었던 시대에 풍경을 남기기 위해 깊고 어두우며, 냉기로 가득한 동굴로 들어와 울퉁불퉁한 천장에 들소와 사자, 곰, 사슴, 표범을 그리거나 새기는 일은 상상하기 어렵다. 이런 까닭에 구석기시대의 예술은 신과의 소통이 전제된 주술적 행위로 이해되고 있다. 오늘날에도 "그렇게 하면 재수가 없대!", "그런 꿈은 돈 벌 징조라는데?" 같은 말을 쉽게 주고받는다. 시대가 올라갈수록 이런 말을 할 여지는 더 많아진다. 바위에 그림을 그리거나 새겨 넣으면 좋은 일이 있으리라는 믿음이 상식이었던 시대도 있었다.

　'천전리 큰 바위에 짐승을 새겼더니 정말 그 짐승이 잡혔다.'라든가, '서석곡 큰 돌에 글을 새기고 왕경에 돌아갔더니 큰 벼슬자리가 기다리고 있었다.' 같은 기록이 남아 있지 않는 한 천전리에 바위에 새겨진 짐승과 무늬, 글자와 그림은 눈에 보이는 것 이상이기 어렵다. 사람이 쪼고 새기고 그은 흔적들이 바위신앙의 생생한 증거라고 해도 여러 가지 해석과 주장 가운데 하나일 뿐이다. 여차하면 '전혀 근거 없는 상상'이라는 비판을 받을 수도 있다.

　기록이 남아 있지 않은 시대의 유적과 유물, 비교할 다른 유사한 것이 없는 선사 및 역사시대 초기의 예술작품은 논거가 뒷받침된 합리적 해석과 설명이 어렵다. 이른바 설득력 있는 '잃어버린 고리'를 찾을 가능성도 매우 낮다. 게다가 종교와 신앙이 전제된 선사, 고대의 작품은 논리적 접근을 허용하지 않는 경우가 많다. 온전하게 전해 내려오는 신화나 전설이 있다고 하더라도 현대인의 눈에는 논리를 결여한 부분이 오히려 두드러질 수 있다. 몇 차례, 심지어 수십 차례 빼고 더하고, 덧쒸우기까지 된 구전 설화의 경우, 온전한 이해는 지나친 욕심이라고 할 수밖에 없다.

하물며 앞뒤 이음새를 전혀 확인할 수 없는 유적이나 유물이 눈앞에 놓였다면 그것에 대해 무어라 할 수 있겠는가?

울주 천전리 각석도 상상력이라는 접착제를 써서 과거의 사실에 가깝게 복원해야 하는 대상일 듯하다. 문화콘텐츠 분야에서 자주 언급되는 가상현실[VR, Virtual Reality] 기법을 사용해야 하는 유적 가운데 하나로 보아도 무방할 듯하다. 얕게 쪼아낸, 그나마 후대의 작업으로 일부만 흔적처럼 남은 바위 위 네발짐승들이 왜 그곳에 붙박였는지, 깊고 굵고 넓게 새겨진 동심원이나 겹마름모에 사람들의 어떤 생각이 남아 있는지, 그들이 왜 이런 무늬들을 바위에 남겼는지 알아내려면 '상상력'이라는 타임머신을 타는 수밖에 없지 않을까?

이미 한자라는 외래의 새로운 문자를 사용하던 시대에 철제 도구로 말 탄 사람과 춤추는 이들의 행렬, 선단을 이룬 배, 못에서 하늘로 솟아오르는 용, 솟대 위의 새를 묘사한 이유는 무엇인지, 소용돌이치는 물이며 수없이 그어진 선은 누가 어떤 의미를 담고 남겼는지 이해하려면 그림 자체를 더 깊이 들여다보며 생각에 생각을 거듭하는 것이 출발이 될 수밖에 없으리라. 한자로 명문을 남긴 이들, 그 글자를 쪼아 내거나 그 위에 선을 그은 사람들이 바위가 지닌 어떤 능력, 바위 안에 남아 있는 어떤 신성과 만나려 했다면 그것을 읽어내는 것은 후대에 그 바위를 찾은 사람들의 몫이 아니겠는가?

1995년 1월 포항에서 열린 한국역사민속학회 겨울 심포지엄 '한국 암각화의 세계'에서 울산의 반구대 암각화와 천전리 각석의 연구 현황과 과제, 전망을 정리해 발표하면서 언젠가 누구나 읽을 수 있는 쉬운 글로도 한 번 정리해보아야지 했다. 그러나 별다른 계기도 없고 따로 짬을 내지도 못한 채 세월이 흘렀다. 2013년 10월 13일이다. 울산행 기차 안에서 2시간 동안 머릿속에서 쏟아져 나오는 10여 편의 쉽게 읽는 국보 다큐-텔링 시리즈 줄거리를 메모할 때에 천전리 각석과 반구대 암각화 이야기도 포함했다. 그런 점에서 천전리 각석 암각화 다큐-텔링은 1995년 쉽게 읽는 암각화 이야기로 씨앗이 심어졌다가 2013년 비로소 싹이 튼 셈이다.

본문에서 암각화 스토리텔링을 주도하는 역사학자 한인규와 그의 아내 채수경은 필자 부부가 모델이지만 묘사되는 모습 중에는 상상이 가미된 부분도 많다. 필자가 특정한 유적을 보러 몇 차례씩 같은 곳을 찾아가는 일도 드물다. 덕수, 찬규, 찬미 등은 이야기 전개를 위해 등장시킨 가상의 인물이다. 필자 주변에는 비슷한 인물이 없다.

책 다듬기에 애쓴 진인진에 감사한다. 학업 중에도 아빠의 건강을 늘 챙겨주는 딸 혜전, 묵묵히 아빠 곁을 지켜주는 아들 혜준에게도 감사한다. 이 책을 포함한 시리즈 글쓰기를 기획할 때, 전문지식을 세상과 공유하는 좋은 방법이라고 기뻐하며 격려했고, 출간을 위한 논의가 진행되는 동안 기도와 미소로 후원한 아내와는 말로 표현할 수 없는 감회를 마음속으로나마 함께 나눈다. 늘 함께하며 모든 것을 나누었지만 지금은 천국에 있는 아내 장연희에게 이 책을 바친다.

2020년 가을, 울산 문수산 기슭 연구실에서
전호태

····

바위그림 앞에서 묻고 답하다.

Q1. 사람들이 언제부터 돌에 뭔가를 그리거나 새겼어요?

구석기시대! 사람들이 돌을 깨서 나무에 달거나, 손에 쥐고 다니면서 크고 작은 짐승들을 을러대던 때야. 2만5천 년 전 어둡고 축축한 석회동굴에 들어앉아 돌과 뼈에다 뭔가를 긋고 새겨 넣고 있었어. 보고 생각한 걸 선으로 긋고 점으로 쪼아 넣었지.

생각을 돌에 넣으면 제 생각을 볼 수 있다고 생각했지. 긋고 찍으며 남길 수 있다며 기뻐했던 거야. 머릿속으로 상상했던 걸 눈으로 볼 수 있으니까. 애써 작은 짐승을 한 마리 사냥하면 허기를 채울 수 있게 되었다고 기뻐하던 그 순간만큼 기뻐했지. 어쩌면 더 기뻤는지도 몰라. 느낀 걸 말이나 표정이 아닌 돌과 뼈에 붙일 수 있다니, 그럼 가죽이며 나무, 잎사귀에도 그런 걸 남길 수 있지 않겠어? 이 얼마나 놀라운 일이야! 사람에게 말하지 않고도, 보는 것으로 들은 걸 대신할 수 있으니!

Q2. 생각을 그리거나 새긴다고요?

　　사실 중요했던 건 신과의 대화지. 신이 사람에게 해 줄 수 있는 걸 여기에 그림으로 남기려고 한 거야. 말이 소리가 아니라 그림으로 바뀐 거지. 자기들이 믿는 걸 보는 거. 특별한 경험이야. 자 봐, 이건 땅이야. 이건 발자국, 이건 함정. 해석하자면 이래. '우리는 이 발자국을 내는 놈 여럿을 이 함정으로 몰아넣었다. 함정 안으로 들어가게 고함치며 을러댔지. 마침내 함정에 들어간 놈을 잡았어. 기뻐하며 모두 함께 먹었지. 이 발자국을 낸 놈이 우리의 먹이가 된 거야. 신이 보내주셨어. 신이 보낸 거야! 봐, 여기 신이 계시잖아. 우리 모두가 믿는 바로 그 신이 여기 계셔.'

Q3. 왜 돌에 새겨요? 다른 것에 새기거나 그리면 안 돼요?

　　돌은 단단해. 변하지도 않아. 힘들게 만들어 냈다 해도 쇠는 녹슬어. 그러나 돌은 그렇지 않아. 언제나 그 모습 그대로야. 금은 귀해도 너무 귀하고 크기도 작아. 새기거나 그리기에 돌만큼 좋은 게 없지. 게다가 신령스러운 기운이 깃든 돌이 있어. 돌중에 그런 게 있거든. 큰 바위산이 눈과 가슴에 깊게 와 닿는 건 거기에 신령이 살기 때문이야. 큰 바위 앞에 서면 모르는 사이에 무언가 빌고 있는 것도 그 바위에 신령스러운 무엇이 있기 때문 아니겠어? 신령이 곧 바위야. 어떤 바위에 뭔가 새기는 건 바위 신령에게 비는 거야. 여자가 바위 신령에 안기면서 빌고 보채면 아기를 주기도 하거든. 그래서 그 앞에서 빌기도 하고 아예 바위에 생채기를 내며 징징거리기도 하는 거야. 전국 곳곳에 쌀을 주는 바위도 있잖아!

Q4. 어디엔 새기고 어딘 안 새기고, 어떤 바위에는 빌고 또 어떤 바위는 거들떠보지도 않고, 왜 그래요?

바위마다 다르지. 우선 커야 해. 특별한 데도 있어야 하고, 뭔가를 닮았다든가, 색깔이 다르다든가. 이상하게 생긴 것도 특별한 거야. 쌍둥이처럼 붙어 있거나, 바위 사이에 길게 틈이 생겼다든가, 크든 작든 바위에 굴이 있으면 그건 아주 좋은 거야. 신령스러운 바위인 거지. 아주 크거나 특별한 뭐가 있어야 해.

찾아가기 어려운 깊은 골짜기에 우뚝 솟은 큰 바위 절벽 같은 곳은 특히 좋아. 바위 둘레로 물이 흐르는 게 가장 좋지. 그런 곳은 분위기가 달라. 물이 흐르면서 조금씩 물안개가 피어오르는 데는 신비스러운 기운도 흐르지. 신이 있다는 느낌말이야. 이런 건 여러 사람이 똑같이 느껴. 이런 데서는 나도 모르게 두 손이 올라가 빌기 시작해. 그리고 바위 사이 틈이나 길쭉한 구멍을 지나고 싶어지지. 그렇게 틈을 지나거나 굴에 들어갔다 나오면, 소원이 이루어진다는 느낌이 들어. 바위와 생각을 나누고 마음이 하나 되는 그런 순간에 생기는 믿음 같은 거야.

Q5. 다른 나라에서도 바위에 뭘 새기거나 그려요?

전 세계적인 현상이야. 시대, 지역, 민족에 구분이 없어. 사람들의 마음, 생각은 어디나 비슷하거든. 어떤 사람들은 바위 신앙이 시작된 곳이 있어서 거기서 전 세계로 퍼져 나갔다고도 말해. 하지만 그렇게 한 군데서 시작해 온 세상으로 퍼져 나가기는 어려울 것 같아. 부분적으로는 그렇고, 또 다른 부분에서는 그렇지 않은 거지. 퍼져 나가기도 하고, 몇몇 군데서 시작되기도 한 거라고 봐. 바위 신앙을 전하고 받은 곳이 있는가 하면 바위 신앙이 따로, 혼자 시작된 곳도 있는 거야.

그렇지 않겠어? 돌을 다듬어 연장으로 사용할 수 있다는 생각과 기술이 한 군데서 시작되어 사방으로 퍼져 나간 건 아닐 거야. 바위에 뭔가 새기거나 그리는 것도 그렇겠지, 다만 내용은 조금씩 다르겠지만 그래도 전체적으로는 비슷해. 바위에 새기거나 그리면서 간절히 바라는 대로 될 거라고 생각하는 식이지. 바위에 자꾸 덧그리는 것도 마찬가지로 그런 마음인 거야.

천 년, 심지어 수만 년 동안이나 같은 바위에 그림을 덧그리는 예도 있어. 바위에 빌고, 바위신에게 사람의 마음을 알리려는 건데, 새기고 그리면서 이루어지는 거야. 그런 흔적이 있는 바위가 전 세계에 수백만 개야. 지금도 새기거나 그리고 있어. 덧그리기도 하고.

오스트레일리아 북부의 카카두Kakadu에서는 원주민인 에보리진Aborigine들이 지금도 해마다 한자리에 모여. 그들의 성소에 가서 오래전에 그려진 암채화 위에 암채화를 덧그려. 처음 암채화가 어떻게 시작되었는지를 원주민들도 몰라. 그들의 조상에서 조상으로 수없이 올라가도 언제 시작했는지 짚어 낼 수가 없어. 적어도 몇만 년 동안 같은 일이 해마다 한 차례씩 이루어지고 있는 거야.

* * *

바위그림은 낯설기도 하고, 익숙하기도 하다. 지금 한국의 도시 아이들 손에서는 멀어졌지만, 여러 이웃 나라 시골 마을 아이들에게는 개울가의 모래와 조약돌이 장난감이다. 차돌로 불리는 석영질의 작은 돌로 제 머리만 한 돌에 비뚤배뚤 그림을 그려 본 경험은 시골 아이들 누구에게나 있을 것이다. 마음에 담은 것을 형상해 낸다는 점에서 바위그림 그리기는 누구도 제약받지 않는 놀이였다고 하겠다.

구석기시대에 시작된 바위그림 그리기는 세계적인 현상이면서도 지역별로 다른 삶의 경험이 작용한 예술 활동이다. 바위그림은 아름다움과 신앙을 함께 나타내려는 인간 특유의 몸짓이 남긴 흔적이라는 점에서 현재가 과거와 만나는 의미 깊은 통로로 주목될 필요가 있다. 선사시대부터 현대까지 오랜 기간 쉼 없이 경주와 울산 인근 사람들의 종교와 신앙, 사회와 문화 활동의 무대이자 캔버스로 사용된 울산 천전리 각석은 바위그림의 역사를 말해 주는 첫 번째 대화상대로 손색이 없는 유적이라고 할 수 있다.

1. 위성에서 본 천전리 각석의 위치
2. 천전리 각석의 원경
3. 천전리 각석의 원경

등장인물 소개

한인규
역사학자, 오랜 기간 시간강사로 몇몇 대학에서 강의하다가 한 대학박물관의 연구교수가 된 인물. 박물관으로 배달된 암각화 발표자료집을 접한 뒤, 작가의 삶을 꿈꾸던 젊은 시절을 떠올리며 사실 반, 상상 반의 암각화 스토리텔링을 시도한다. 어느 한 가지 일에 깊이 몰입하면 스스로 만든 상상의 세계에 몽유병자처럼 빠져드는 경향이 있다.

채수경
인규의 아내, 여러 대학에 시간강사로 전전하는 남편의 정신적 지주 역할을 한다.

장덕수
인규의 대학 후배, 역사문화 기행팀을 꾸려 안내하며 사는 프리랜서 여행기획자, 여기저기 관여하는 곳이 많고 발이 넓다. 자칭 타칭 온갖문제연구소장.

박찬규
덕수의 친구, 작은 출판사를 운영하는 그림책 작가, 연구자와 동호인이 섞인 선사미술연구회 창립 멤버로 암각화에 관심이 많다.

박찬미
찬규의 동생, 웹-디자이너, 오빠의 권유로 선사미술연구회 창립에 참여했지만, 암각화에 별 관심이 없다.

인규의 소설 속 등장인물 소개

청동기시대와 그 이전
마로 점 쪼기 사슴 새기던 시대의 사냥꾼
두지 바위 새김을 담당한 석공
두로 두지의 스승
모루 기하문 청동기시대의 사람

삼국시대
돌지 신라의 석공
가올 당골 골화에서 신내림 받은 당골
마로 동천 우시골을 다스리는 신라의 귀족
시득 마로의 말잡이

거추 바위마을에도 오는 봇짐장수
선화 고구려 왕녀, 실해마립간시대에 신라 왕자와 결혼하여 서라벌로 온 인물
조리 선화의 시녀
이서지 선화 집안의 집사

돌뫼 신라의 석공
알사 돌뫼의 스승
이파지 왕실 가문의 집사

심맥부지 법흥왕의 동생인 사부지갈문왕의 아들, 후에 진흥왕으로 즉위하는 인물
지몰시혜비 심맥부지의 어머니
모례부인 지몰시혜비와 심맥부지가 드리는 제사 준비를 맡은 귀족 가문의 안주인

김무력 금관가야의 왕손, 김유신의 아버지

김유신 아버지를 이어 화랑이 된 뒤, 글바위를 찾아온다.

혜공 신라의 승려, 글바위 옆에 '반고사'라는 절집을 짓고 머문다(이것도 가상의 설정이다. 반고사에 머물었던 이는 원효대사라고 한다).

. . . . .

큰 냇골, 글바위 앞에 서다.

"한 차례 더 다녀올까? 그래, 다녀와야겠어."

인규가 마음속으로 다짐하며 혼잣말로 묻고 답한다. 그래, 다녀오자. 그래야 다시 시작할 수 있을 것 같다. 막연히 드는 느낌이지만, 지금 다녀오지 않으면 수수께끼의 문은 아예 닫힐지도 모른다. 인규가 어렵게, 어렵게 더듬으며 짚어 낸 것들이 세월과 기억 저편으로 넘어갈 수도 있다. 과연 글바위에 다시 가지 않고도 이 이야기를 이어나갈 수 있을까? 얼른 답이 나오지 않는다.

"여보!"

작고 부드러운 손길이 어깨에 느껴진다.

'당신 또 깊이 빠졌네요. 그 바위 생각하세요? 식사해야죠! 다 차렸어요.'

수경의 따뜻한 손끝이 인규의 볼을 살짝 스친다. 벌써 시간이 이렇게 됐나? 인규가 엉거주춤 자리에서 일어난다. 아이들 말로 '멍' 때리고 있었나 보다. 머릿속으로 내내 천전리 글바위 앞을 얼쩡거렸던 거다. 오랜 버릇이다. 수경은 이런 인규를 잠시 물끄러미 보더니, 그러려니 하는

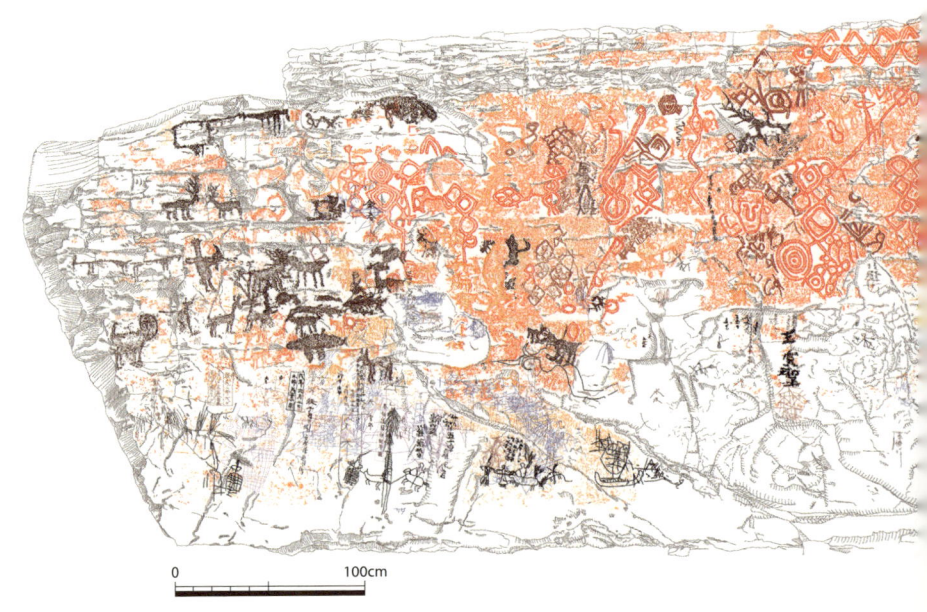

천전리 각석 그림바위의 분포(이 책에서는 A부분에 해당하는 '주암면'에 대한 내용만 다룬다)

천전리 각석 주암면 그림과 명문 실측도(너비X높이: 9.5X2.7m)

22 글바위, 하늘의 문

천전리 각석 주암면

천전리 각석 그림 및 명문 실측 통계[01]

형상분류	바위면	A면 I	A면 II	A면 세선	A면 명문	B면	C면	D면	합계
인물상	전신/하체	3	9	22					34
	안면	1	1						2
	기마인물			23				2	25
동물상	굽이 있는 초식동물	93	1	27					121
	육식동물	26				2			28
	어류/기타	6							6
	조류			2					2
	용			4					4
	미상	55		2		8			65
기하문	마름모		42					1	43
	동그라미		29					1	30
	물결		10					2	12
	격자						1		1
	미상		5				2		7
명문	명문				218				218
	근현대				3	3	11	18	35
도구		1		2					3
건조물				18					18
자연물		1		14				1	16
미상		31	38	13		5	14	6	107
계		217	135	127	221	18	28	31	777

표정 그대로 먼저 몸을 돌려 식탁 앞으로 간다.

　천전리 글바위 이야기가 멈춘 지 벌써 여섯 달이 다 되어간다. 인규는 이러지도 저러지도 못한 채 제자리를 맴돌고 있다. 아니, 버티고 있다! 이것도 그의 습관이다. 이야기가 더 엮어지지 않으면 잠시 내버려 두는 것도 좋다. 김치며 장을 묵히듯이 말이다. 그걸 알면서도 인규는 그러기를 싫어한다. 마냥 줄다리기하듯 버티는 것이다. 아내 수경도 그런 남편을 잘 아는지라 짐짓 모른 체한다. 무어라 간섭하지 않는다.

인규가 천전리 글바위 이야기에 매달리게 된 것은 그야말로 우연이다. 일이 자연스레 그쪽으로 흘렀다고 할까? 생각지도 않은 우편물을 받은 게 계기가 되었다. 이태 전 봄 어느 날이던가. '천전리 암각화 학술대회 발표 자료집'이라는 책이 박물관 행정사무실 우편함에 꽂혀 있었다. 그쪽 사람들과는 제대로 알지 못하는데, 강의 다니던 대학교 중 한 곳에서 대학박물관이 주관하는 프로젝트의 연구교수가 된 뒤 '박물관 연구교수 아무개' 앞으로 이 책이 온 것이다. '박물관에서 일하게 되니 이런 책도 받는구나. 당분간 이런 책이 여럿 오겠군.' 하며 책을 펼쳤다. 사진도 그림도 제법 그럴듯했다. 뜻밖에 받은 이 책이 인규에게 바위그림 스토리텔링, 지금의 천전리 글바위 이야기를 구상하게 한 것이다. 마침, 이제는 나이 때문에라도 정규직 교수 자리는 지원하기 어렵게 되었으니 논문 말고 좀 색다른 글도 한 번씩 써 보아야지, 상상력을 얹은 정체가 애매한 글도 써보려던 참이었다.

***

둘레를 한 바퀴 돈 인규가 다시 바위 앞에 앉는다. 수천 년 세월이 아지랑이처럼 피어오르는 물안개에 덮인 채 눈앞에 마주 서 있다. 어쩌면 만 년일지도 모른다. 그러자 백여 년 넘기기 힘든 사람의 삶이 좁쌀만 한 크기로 느껴진다. 백 년도 채우지 못하는 사람들이 앞서거니, 뒤서거니 더하고 더하며 이걸 남겼구나.

바위를 찾았던 사람들이 그림자처럼 모습도 제대로 드러내지 않은 채 인규의 머릿속을 들고 난다. 그들 사이로 여러 가지 냄새가 앞뒤 없이 인규의 눈, 코, 입, 귀로 들어온다. 음식이며 땀, 그을린 나무토막 냄새도 그것에 섞여 있다. 문득 빛이 아른거리는가 싶더니 어디선가 바람 한 줄기가 흘러들어온다. 낮고 보드라운 날갯짓, 조심스레 바스락거리는 소리 뒤로 정적이 뒤따른다. 다시 두런두런 이야기하는 소리가 들리고, 물과 물풀, 이끼와 풀, 나무뿌리와 줄기, 이파리가 토해내는 싱그러운 향이 소리 사이에 섞여든다. 문득 따뜻한 기운이 인규의 어깨를 감싸고 흘러내린다.

　인규는 이 커다란 바위 앞에 섰던 사람들로부터 이야기를 더 끌어내고 싶다. 그들이 마음껏 말하게 하고 싶다. 그들이 내는 모든 소리, 속삭임, 숨소리까지 빠짐없이 듣고 싶다. 그러나 소리는 들리지 않는다. 영상뿐이다. 그런데 그것조차 너무 빠르게 흐른다. 도저히 눈이 따라가지 못할 정도다. 더 잘 보려고 눈을 질끈 감는다. 혹 천천히 흐를까? 아니다! 더 빠르게 흐른다. 인규는 신음하듯 한숨을 내쉬면서 다시 눈을 뜬다. 넋을 잃은 듯 멍하니 바위를 본다. 빠르게 흐르던 영상이 그쳤다. 눈앞에는 덩그러니 크고 넓은 바위 하나만 버티고 서 있을 뿐이다.

　인규가 주저앉았던 자리에서 마지 못한 듯 천천히 일어난다. 그새 바위 앞 그늘이 짙어졌다. 이 국보 바위를 지키는 관리인이 눈치 보듯 힐끔거리며 관람객을 살피는 눈길이 느껴진다. 그가 어깨높이로 열쇠 꾸러미를 들어 올려 슬쩍 흔들어 소리를 낸다. 인규가 관리인 쪽으로 고개를 돌리며 희미하게 미소 짓는다. 두 사람이 약속이나 한 듯 동시에 서로를 향해 고개를 살짝 끄덕여 보인다. 관리인에게는 대책이 없던 중년의 관람객 남자, 인규가 누구에게 들으랄 것도 없이 작은 소리로 중얼거린다. '여기서 하루네!'

　해도 바뀌지 않았는데, 글바위 앞만 벌써 세 번째다. 바위가 불러서도 아니고, 인규 자신이 의지적으로 오고 싶어서 온 것도 아니다. 그의 발이 이곳을 향해 알아서 걸어왔을 뿐이다. 아주 자연스럽게, 그것도 당연한 듯이 인규의 걸음이 이리로 그를 데려온 것이다. 바위는 처음 그대로다. 바위가 말한 것도 아니다. 바위에서 어떤 특별한 기운이 흘러나온 것도 아니다.

    해가 뉘엿거리며 개울 건너 병풍처럼 늘어선 절벽 바위 너머로 넘어가는 시간이라 글바위에 새겨진 가는 선들은 이미 사라진 뒤다. 글바위에 남겨진 굵고 깊은 울림만이 인규의 가슴에 얹힌다. 사람이 바위에 깊은 생채기를 낸 것이니, 바위가 여전히 앓는 소리를 내고 있어서인가. 인규의 가슴이 답답해진다. 큰 울림, 신음. 둘은 하나이기도 하고 둘이기도 하다 바위에 얹혀 있기도 하고 그것에 눈길을 주는 사람의 가슴에 얹히기도 한다고 해야겠지. 천천히 발걸음을 돌리면서도 인규의 눈은 글자도 아니고 그림도 아닌 깊게 팬 둥글고, 각지며, 겹이 진 커다란 무늬에 가 있다. '알게 되겠지, 언젠가는.'

* * *

    인규가 처음 이 큰 바위를 찾아 나섰던 때가 언제인지 기억이 흐릿하다. 대학 후배 덕수와 함께 반구대에서 천전리 글바위 사이로 난 산길을 걸었다. 사람이 가끔 다닌 흔적이 조금 남아 있었지만, 길은 그리 편하지 않았다. 한참 걷자 인적이 끊긴 지 꽤 되었는지, 길이 있던 흔적만 간신히 남은 길이 눈앞에서 실처럼 가늘게 뻗어 나갔다. 나무꾼이나 약초꾼이 다니던 길조차 희미한 깊고 험한 골짝인데, 어떻게 글바위를 찾아왔을까 하는 생각이 들었다. 도대체 언제 누가 이런 골짝에 들어와 이렇게 특별하게 생긴 커다란 바위를 찾아내고 거기에 그림이며, 글을 새기기 시작했을까? 생각해 보니 좀 신기하다.

* * *

    보통 사람의 키를 넘기는 높은 쑥대가 한없이 펼쳐진다. 문득 그 사

대곡천

이로 비릿한 내음이 풍겨 온다. 바닷가 갯마을, 갯바위에서만 맡을 수 있는 냄새다. 어떻게 이런 깊은 골짝에서 이런 냄새가 날까? 냄새 때문인지 큰 바다가 눈에 가득 들어온다. 수평선 너머 아득한 거리에서 한 무리의 돌고래가 정어리 떼를 쫓고 있다. 비린내, 물보라, 떼를 이루어 끼룩거리는 갈매기들. 철썩거리는 파도 소리, 물 밑에 숨은 커다란 갯바위 같은 것이 마음 안에서 풍경이 되어 흐르기 시작한다. 반구대 때문인가?

조금 앞서 걷던 덕수가 '형님, 이제 곧 글바위입니다.' 했다. 순간 머릿속에서 다른 풍경이 펼쳐진다. 풀 냄새가 코끝을 스친다. 초원이 바다를 덮었다. 파도 소리, 바다풀 특유의 짙고 짭짤한 내음이 상큼한 풀 냄새와

대곡천 건너 산길에서 본 천전리 각석

부드러운 바람 소리에 흔적도 없이 씻겨 나간다. 눈이 당겨지는 카메라 렌즈처럼 초원의 속살로 파고 들어간다. 안으로 깊이 들어가니 풀밭도 숲처럼 어둡다. 짙다. 인규는 한순간 통째로 그 안에 끌려 들어간다는 느낌을 받았다. 어느새 눈과 마음에는 온통 녹색만 남았다.

    한낮인데 주변이 이렇게 어둡구나! 했다. 눈을 떴는데도 어둡다. 아니 눈을 감았나? 주변이 보이는지 그렇지 않은지도 잘 구별되지 않는다. 의식적으로 눈을 크게 떠본다. 아! 그저 느낌이구나. 꿈속에서 꿈을 보듯 의식 안에서 의식을 하고, 감각 안에서 감각을 생생히 느끼는 그런 상태구나. 기억 안에서 기억을 찾아내어 기억을 되살리고 다시 깊은 곳으로 갈무리하는구나. 마치 잠에서 깨듯 이렇게 의식이 돌아오는구나.

***

중국의 사천성 성도였는지, 대도시 중경이었는지 정확히 기억나지는 않는다. 북송(北宋)의 서울로 번성했던 하남성 개봉인지도 모른다. 중국 여행 중에 변검(變臉)이라는 오래된 기예 공연을 보았다. 변검이 시작되면 공연자가 얼굴을 잇달아 떠올리고 겹쳐지게 하는 재주를 선보인다. 새 얼굴에 옛 얼굴이 가리고, 새 얼굴을 뒤로 밀어내고 이전 것과 다른 옛 얼굴이 올려진다. 옛 얼굴과 새 얼굴이 겹치고 겹치는 데도 새로 올리는 얼굴은 다 다르다.

변검 공연을 보면서 문득 수많은 평면이 겹치면 어느 순간 투명에 가까워지는 것 아닌가 하는 생각이 들었다. 선이 변하고 면이 달라지는 일이 계속되다 보면 선과 면이 구분되지 않는 수도 있을까. 살아 있는 사람의 얼굴도 마치 그림자처럼 눈코입귀가 가려지지 않는 상태가 되는 것 아닐까? 가지가지 몽타주가 떠오르듯 새 얼굴 더하기가 끝없이 계속되었다.

풍경도 그렇게 만들어질 때가 있다. 하지만 신기하게도 어느 것 하나 짙어지거나 두터워지지는 않는다. 생명도, 기억도, 자연도 그렇게 겹치면 새것은 옛것이 되고 결국 뭉그러지듯 형체를 잃겠지? 선도, 면도 사라지고 화면은 텅 비어 버릴 거야. 마치 모든 것이 시작된 처음 그 순간처럼.

***

변검 공연의 영상이 지나가는가 싶더니 인규의 눈에 다른 풍경이 들어온다. 느낌에 골짝 깊은 곳이다. 어두운 기운이 흐르는 태고의 숲 사이로 내가 흐르고 여기저기 바위가 흩어져 있다. 어느 유럽 왕가의 넓은 정원처럼 오밀조밀한 풍경이 서로를 어우르며 하나 되어 눈 안에 들어온다. 이 안에 많은 것이 있구나! 했다.

싱그러운 이끼 냄새에 코가 저절로 벌름거려진다. 눈앞에 보이는 것은 커다란 바위 몇 개, 그 사이로 흐르는 물이다. 물과 바위 사이에 붙어 자라는 이끼에서 올라오는 향인가 싶었다. 그래, 저 물안개처럼 덩어리진 이끼 사이에 사람들의 오랜 기억, 옛이야기가 끼어 있는지도 모르겠다.

* * *

제법 시간을 많이 썼지만, 글바위 가는 길섶 어딘가에 있었다는 옛 마을의 흔적은 찾지 못했다. 인규네는 해가 서쪽으로 기울기 시작할 때야 글바위 앞에 잠시 설 수 있었다. 인규는 글바위 근처에 이르자 '왔던 곳'이라는 생각이 들었다. 큰 바위며 주위 풍경이 눈에 익숙하게 들어왔다. '그래, 이 앞에 용못이 있었어! 천년을 기다린 이무기가 용이 되어 하늘로 올랐다는 바로 그 용못이 있던 곳이 여기야.' 인규가 눈을 가늘게 뜨고 큰 바위 앞 작은 웅덩이의 깊이를 가늠해본다. 내에 이어진 그리 크지 않은 웅덩이인데도 보기보다 어둡고 깊은 듯했다. 바닥까지 눈이 닿지 않았다.

굳이 자맥질해 들어가 보면 두 길도 되지 않을 게 확실했다. 얕게 소리 내며 흐르는 내 한쪽 바위 사이의 조그만 웅덩이가 깊어야 얼마나 깊겠는가. 용이며 이무기가 있기에는 너무 좁고 얕은 곳이다. 그러나 보이는 것이 전부는 아니라고 했다. 두 길 너머, 이 웅덩이 바닥 깊은 곳 안쪽에 무언가가 더 있을 수도 있다. 바닥은 바위겠지만, 단단해 보이는 바위 안에, 그 아래에 무엇이 더 담겨 있는지 모르지 않는가? 바위와 물이 만나는 바로 그 자리의 젖은 이끼 냄새로 느껴지는 이야기와 기억처럼, 이

웅덩이 안에 있는 무언가를 사람들이 보지 못하고 있는지 어찌 아는가?

　글바위 둘레 목책 모서리 바위에 슬쩍 기댄 채 잠시 넋을 잃고 있는 인규 곁으로 누군가 다가오더니, 두어 차례 헛기침한다. 덕수다. 어느 틈엔지 곁에 와 선 덕수가 제 손바닥 크기의 작은 노트를 인규의 눈앞에 한 차례 부채처럼 흔든다. 한번 읽어 봐 달라는 뜻이다. 인규가 '잠시만'이라고 해 봤자 소용없다. 그때부턴 시도 때도 없이 그걸 인규 눈앞에서 흔들 테니까. 인규가 하는 수 없다는 표정으로 노트를 받아든다. 안경을 벗으며 자못 진지한 표정으로 제 나름으로는 정성을 담아 쓴 듯한 덕수 노트의 글을 휘~익 훑는다. 인규의 얼굴에서 '함께 가자 했으니 어쩔 수 없지' 하는 표정이 읽힌다.

　　'신의 손이 남긴 글들로 가득한 큰 바위! 여긴 신이 계셨던 곳이다. 이 안에 신의 힘이 숨어 그 힘을 받아 갈 자를 기다린다. 그는 제사상이 마련되기를 물 건너 너럭바위 앞에 앉아 기다린다. 그러면서 주변에 서린 강한 기운의 흐름을 제 몸에 받아들이며 마음을 하나로 모은다. 이제 곧 왕실의 큰 갈래와의 맹세의식이 시작될 참이다. 제관이 흰 소의 목에서 받은 피를 커다란 술그릇에 붓는다. 이걸 다시 얼룩 뿔 모양의 금잔에 담는다. 이제 이걸 모두 한 모금씩 돌아가며 마시면 이 자리에 모인 두 가문은 하나가 된다. 이후에는 대대로 누구도 이 맹세를 깨뜨리지 못한다. 맹세를 어기는 자는 무조건 죽인다. 만일 이유 없이 갈라서려 한다면 한쪽이 멸문의 화를 입어도 그대로 받아들여야만 한다. 어린 김유신은 막연하나마 이곳이 새 나라고, 사직의 문이 닫혔던 제 할아버지의 나라, 금관국이 이 땅에서 되살아나나 보다 여긴다. 유신이 바위 앞에서 이루어지는 의식 절차 하나하나를 눈에 담고 마음에 심는다.'

"형님, 어때요? 좀 그럴듯하지요? 아이디어도 괜찮고, 제가 어릴 때부터 글재주 있다는 말을 제법 들었거든요. 이대로 나가면 뭔가 좀 될 것 같지 않습니까?"

인규가 노트에서 눈을 떼기도 전에 덕수 특유의 속사포가 그의 귀를 때린다.

'아니, 여기서 갑자기 김유신이 왜 나와? 유신이 만난 사람들은 또 누구고? 그런 말은 여기 새겨진 글에 없는데? 갑자기 흰 소는 뭐고, 뿔 금잔은 또 뭐람.'

인규의 입에서 이런 소리가 나오면 덕수의 얼굴은 순식간에 가끔 보여주는 특유의 애처로운 눈빛과 실망스러운 표정으로 가득할 것이다. 그런 얼굴로 저녁 시간 내내, 다시 서울 올라가는 동안 쉬지 않고 인규를 괴롭힐 게 틀림없다. 인규는 뭐라고 한마디 하기를 그만두고, 슬그머니 큰 바위로 눈길을 돌린다.

"형님, 이게 다 사진처럼 어떤 장면, 순간, 그런 것을 기억할 수 있게 하는 그림 아닐까요? 이렇게 가늘게 선으로 직직 그은 것도 그림은 그림이니까, 영희♥철수, 그런 거나 비슷한 거 아닐까요?"

제 노트의 글은 벌써 잊은 듯 덕수는 바위에 남은 가는 선 그림들을 손으로 가리키며 상상의 나래를 편다.

"글쎄…."

"또 글쎄, 글쎄 하시네. 그런 거예요! 그 당시에는 왔다 갔다는 걸 알리는 낙서였지만 지금은 역사 기록이 된 거지요. 저들의 생각이 이런 흔적으로 남은 거지요. 흠…. 문제는 누가 언제 그렸냐는 건데, 흠…."

· · · ·

네발짐승 사이에서 길을 찾다.

 인규가 한 차례 더 메모하고 정리한 글을 앞뒤, 좌우로 늘어놓으며 아귀를 맞추어 보려 애쓴다. 언뜻 보면 앞뒤가 잘 이어지고 그럴듯해 보이지만, 다시 보면 매듭이 애매하고 옹이가 뚜렷한 그런 데가 여러 군데 보인다. 어떻게 하면 어설픈 데가 보이지 않게 될까? 자연스럽고 편하게 술술 읽힌다면 얼마나 좋을까? 인규가 콧잔등에 잔뜩 주름을 지어보더니, 컴퓨터 책상 앞에서 일어나 거실로 나간다. 토요일 오후 늦은 시간이라 집에는 인규뿐이다. 아내는 약속이 있다며 외출하고 맑은 햇살만 텅 빈 집을 가득 채우고 있다. 거실을 휘 둘러본 인규가 책상 앞으로 돌아와 의자에 앉더니 다시 컴퓨터 자판을 두드리기 시작한다.

 바위는 뼈도 가죽도 아니다. 뼈와 가죽 어느 것보다 낫다. 넓고 단단하며 항상 그 자리에 있고 변하거나 상하지 않는다. 사람의 생각을 담기에 바위보다 좋은 것이 어디 있겠는가? 최고의 그림판이다. 누구나 와서 볼 수 있지만 아무나 올 수 없다. 그렇지만 신은 언제라도 볼 수 있다. 야외의 바위든 동굴 안의 바위든 틈새의 바위든 바위 옆에서 사람

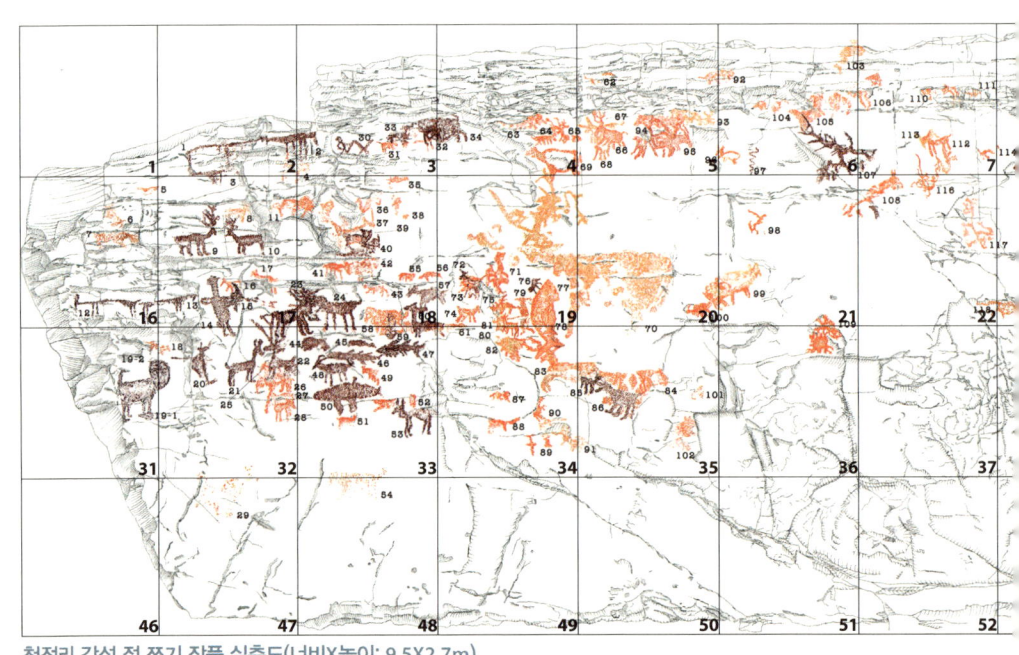
천전리 각석 점 쪼기 작품 실측도(너비X높이: 9.5X2.7m)

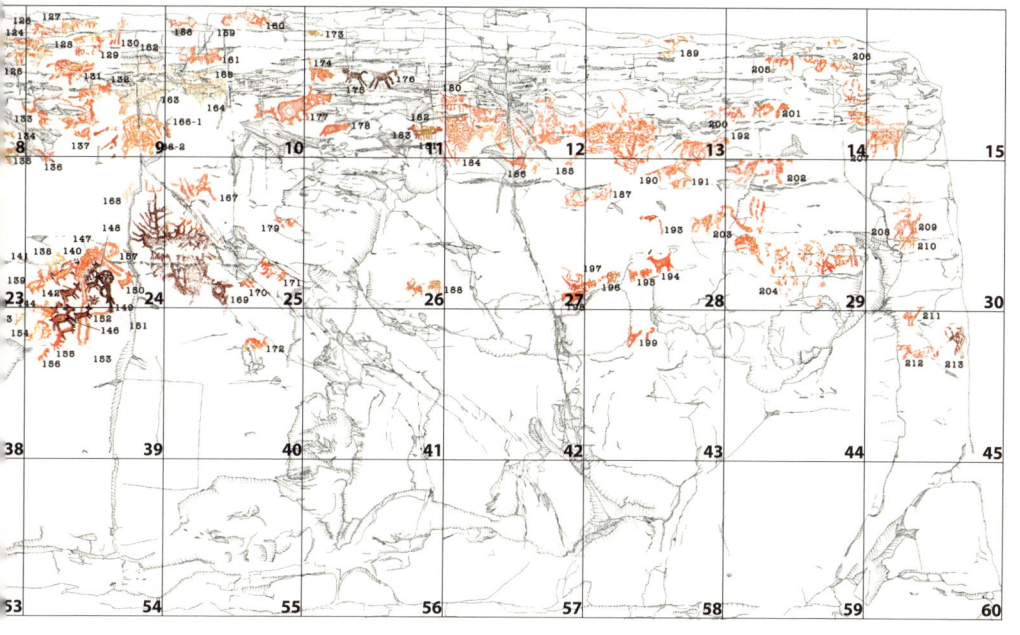

천전리 각석 점 쪼기 사슴 한 쌍 부분(34쪽 실측도의 17)

은 편안하고 든든하다. 바위에는 신의 기운이 서려 있다. 바위를 통해 신과 말을 나눌 수 있다. 사람의 생각을 바위에 담으면 신이 그것을 읽는다. 바위에 칠하고 긋거나 새긴 것은 변함없이 항상 거기에 그대로 있다.

  그들은 까마득한 옛날부터 이 자리에 모여 춤을 추었다. 달이 온전한 모습으로 사람에게 가장 가깝게 다가올 때 모였다. 한 해 한 번

그날이 올 때를 기다려 미리 각기 제가 살던 곳을 떠나 이 바위 앞에 왔다. 나이 든 사람도 걸을 수 있으면 왔다, 이제 막 태어나서 제 어미 가슴에 매달려 있는 아기도 어미와 함께 이리로 왔다.

무리마다 이곳에 올 때면 한 해 동안 갈무리해 두었던 귀한 것을 가져왔다.[02] 다른 무리에게 그것을 보여주고 그들이 내놓은 것과 바꾸기도 했다. 사실 그래 보았자 짐승의 가죽이며 바닷가에서 구할 수 있는 빛깔 좋은 조개 껍데기 정도였다. 하지만 사는 땅이 다르면 갈무리할 수 있는 것도 달랐으므로 일부러 멀리 그들의 땅으로 서로 오가지 않으면 구할 수 없는 것도 있었다.

다시 흩어져 제 땅으로 돌아가면 한 해가 가는 동안 한 무리가 다른 무리의 땅에 들어가는 일은 없다. 그것은 여러모로 서로에게 부담되는 일이었기 때문이다. 기꺼이 서로를 맞을 준비도 여유도 없는 까닭이다. 하루하루 먹거리를 마련하며 살아가는 사람들에게 한 해 한 번 맞는 그때도 아니면서 짬을 내어 제 땅을 떠난다는 것부터 이상한 일이었다. 그곳에 다른 이가 들어오도록 둔다는 것과 같았기 때문이다. 다른 이들에게 한 무리가 제 삶터를 버리거나 잃는 것으로 여겨지는 것이나 다름없었다. 조상 대대로 살아오던 제 땅은 하루라도 비우지 않는 게 현명했다. 한 해의 가장 커다란 달이 뜨는 그때만 비울 수 있었다. 어느 작은 무리나 제가 속한 정말 큰 무리를 위한 성스러운 곳으로 가니까.

크고 온전한 달의 날, 물가의 큰 바위 앞에 모이면 춤으로 만남의 인사를 나누었다. 춤을 추면서 서로에게 한 해의 삶을 묻고 답하며 신께 감사했다. 처음 남자들이 춤을 추는 동안 여자들은 음식을 모아 함께 먹을 수 있도록 굽거나 익혔다. 춤으로 열기가 오르면 무리 안에서 손끝이 좋은 것으로 알려진 사람 몇이 나와 바위 앞으로 가면 무리의 남녀와 아이 모두가 그들을 위해 소리 높여 노래했다. 잘 마르고 속이 조금 빈 통나무 두들기기가 계속되었고 노래하는 소리가 더 커지는 동안 바위 앞의 몇몇은 그림 새기기에 들어간다. 바위 위에는 저들이 익히 아는 짐승들이 모습을 드러내게 마련이었고, 정말 바위에 붙은 것처럼 보이는 그 짐승들을 눈에 담은 사람들은 더 높은 소리로 노래 불렀다. 사람들은 노래하고, 때로 크게 소리 지르면서 그림과 함께 내려오는 신의 말씀을 눈과 귀, 가슴에 새겼다.

바다에서 멀지 않은 냇가 큰 바위 건너에 사람들이 모였다. 이들 중 눈이 빛나는 중년의 사내 하나가 젊은 사람 두엇을 데리고 앞으로 나서더니 바위 앞으로 다가간다. 중년의 사내가 바위 앞에서 큰 소리로 한참을 중얼거리더니 서너 걸음 떨어져 있던 두 젊은이에게 눈짓한다. 팔과 다리가 차돌같이 단단해 보이는 두 젊은이의 손에는 각각 주먹 크기의 쐐기돌이 쥐어져 있다. 두 젊은이가 앞으로 나서고 중년의 사내는 뒤로 물러선다. 젊은이 둘이 손에 쥔 쐐기돌로 바위의 한가운데부터 무언가를 쪼아 새겨내기 시작한다. 바위 곳곳이 아주 오래전 이곳을 찾은 이들이 새겨낸 크고 작은 네발짐승들이며 고래, 상어, 몇 가지 도구와 사람의 모습으로 가득하다.[03]

숨까지 참으며 살금살금 다가간다. 아직 눈치를 채지 못했음이 틀림없다. 화살을 겨눈다. 갑자기 나무꼭대기에서 우지직거리는 소리가 들린다. 사슴이 깜짝 놀라며 후다닥 달아난다. 그 순간 네 길쯤 높이에서 찢어진 가지 하나가 제법 큰 소리를 내며 마로의 앞으로 떨어진다. '어휴~' 마로가 안도의 한숨을 쉰다. 큰 가지 떨어진 자리가 제 앞으로 겨우 다섯 걸음 정도 떨어진 거리이니 사람 코앞이나 다름없다. 신이 마로를 살려준 것이다. 마로가 정신을 가다듬고 가만 보니 부러져 떨어진 가지에 제법 실한 열매가 가득 달려 있다.

'그래, 사슴은 놓쳤으나 대신 이걸 주시는구나. 저 사슴은 아직 내게 보내실 마음이 없으신 게군.'[04]

엊그제 마을의 신군(神君)이 골짝 하늘님의 돌멩이에 사슴 셋을 새로 새겼다고 했다. 마로는 오늘 그 한 마리가 제 차례인가 했는데, 아니었다. 해마다 신군이 골짝 안쪽 깊은 곳에 있는 그 커다란 돌에 새기는 것은 그날부터 한 해 안에 반드시 마을 사냥꾼 손에 들어온다고 했다. 그런 까닭에 큰 놈이든 작은 놈이든 한 마리 잡을 때마다 신군에게 알린다. 그렇게 해서 신군이 그 짐승의 뒷다리 하나, 머리, 꼬리의 큰 기름 덩이를 신당에 드릴 수 있게 한다.

마을 바깥 큰 세상에서는 달포에 한 번 큰 터 모임이 있어서 그곳에 가면 내 것과 네 것을 서로 바꿀 수 있다고 했다. 그날을 포함하여 앞날과 뒷날에도 사람들이 모여 그 일을 한단다. 터에서는 별의별 것을 다 볼 수 있다고 했다. 우리 사이에서도 그 터에 가자는 사람이 여럿 있으나 신군이 허락지 않는다. 그 터에 내놓을 것을 가지려 사람 하나가 마을에 오니 그것으로 되었다는 것이다. 하늘님이 허락지 않으니 신군도 어쩌지 못한단다.

인규가 바위에 그림이 새겨지던 아득한 옛날 한때를 상상으로 그려 내 보다가 오랜 뒤, 신라 사람들이 성스러운 곳이라며 이 바위를 찾아와 나누었을 대화까지 내쳐 묘사해 본다. 아마, 잊힌 그림의 뜻을 어떻게든 헤아려 보다가 바위에 봉인(封印)되었던 하늘님의 말씀과 만난 사람이 있지 않을까 생각해 본 것이다. 이 바위를 찾아오는 사람마다 그림을 보는 눈도 다르고, 이해도 달랐을 것이다. 귀족은 귀족대로, 승려는 승려대로, 평범한 백성들은 그들 나름의 눈으로 그림을 보고 해석을 시도해보지 않았겠는가? 아마 이런 말도 주고받았으리라.

'짝을 맺으라. 많이 낳고 기르라. 열심히 뛰고 심고 거두라. 짐승도 잡고 물고기도 건지라. 풍성히 주리라. 네 손에 넘치도록 끊임없이 주리라. 짝을 맺으라. 내게 와 받으라.' 이런 뜻이 그림으로 새겨진 거랍니다.

아니, 이런 그림에 담긴 말과 글을 그대만 읽을 수 있는 까닭은 무엇이오. 왜 우리 눈에는 그저 비뚤배뚤 새겨진 그림 같지 않은 그림만 보이는 것이오.

신께서 말씀하십니다. 신과 함께 있기를 원하고 세상의 즐거움은 누리지 않겠다고 마음먹은 자에게만 말씀을 알아볼 눈을 주신답니다. 저도 이 글을 하나씩 붙잡아 따로따로 읽지는 못합니다. 신이 한 번에 풀어 주시는 걸 전할 뿐이지요. 이 글그림을 새긴 사람들은 한 글자씩 읽으며 새겼는지도 모르지요. 허나 지금은 누구도 이 그림글을 읽지 못합니다. 이게 그림인지, 글자인지조차 모르는데, 어찌 읽겠습니까? 신이 알려 주시니 저도 뜻을 전할 뿐이지요.

그렇군요. 이 글그림의 뜻이 우리와 닿는 건 아니군요. 하긴 옛사람의 흔적일 뿐이지요.

꼭 그런 것만은 아닙니다. 신이 제게 읽게 하셨으니 이제는 저와 함께 한 모든 이에게 살아 있는 그림이요, 글이지요. 신이 우리에게 주시는 말씀인 겁니다. 그러니 말씀대로 해야지요. 사실 우리 모두 그러고 있지 않소? 짝 맺고 심고 거두며 잘살고 있으니 말이오.

그렇지요. 그러고 있습니다. 그러니 이제는 더 열심히 해야지요.

오늘부터는 이 돌 앞에서 제사도 드려야 합니다. 말씀을 주신 신께 감사의 절을 올려야지요.

돌에 뭔가 새로 새기거나, 돌 위에 선을 그으면서 비는 사람도 있었겠지만, 바위 신령에게 비는 대로 그 정성을 보아 소원을 들어준다는 말을 믿지 않는 이도 있었을 것이다. 그러면서도 바위를 찾아와 새기고 그으면서 비는 이들의 걸음은 그치지 않았던 듯하다. 바위에 남아 있는 수많은 선이 그걸 말해 준다. 인규가 자기도 모르게 '끙'하는 소리를 내며 자판 두들기기를 계속한다.

'이 짐승들이 돌에서 나옵니까, 물에서 나옵니까? 바로 제 어미 뱃속에서 나옵니다. 돌아비, 물어미 하지만 아이도 제 어미 뱃속에서 나오지요. 씨는 제 아비에게서 받고요. 잘 아시면서 그런 소리 하세요. 더 의좋게 더 기분 좋게 살다 보면 다 절로 이루어질 일인데, 우리가 이런다고 더 뭐가 될 것도 아니고, 그저 이집 저집 할 것 없이 서로 살을 대고 문지르다 보면 다 이루어지지요. 밭 갈다가 씨 뿌리듯이 말입니다. 때 되면 애는 나오고요'. 두지가 바위를 쪼다 말고 툴툴거린다.
두로가 타이르는 듯한 말투로 두지의 말을 받는다.
'이보게, 옛사람들이 몰라서 이랬겠나? 세상 이치는 같다네. 알 사람은 알아. 생각 좀 해 보시게. 부지런히 씨 뿌린다고 때 되면 무고 보리고 싹 내던가? 밭이 좋다고 다 잘 자라던가? 거둘 때 된다고 거두게 되던가? 허리 아파도 김은 매야 하고, 아무리 가물다가도 비는 제 때 내려야 하네. 장마 지나면 빛도 좋아야 해. 곡식 여물 때 큰바람 불고 큰물 지면 어찌 되나? 뿌린 대로 거두고, 김맨 대로 거두던가? 난, 아니라고 보네. 자네는 어떤가?'

'그거야, 두말할 것 없지요. 뿌린 것은 뿌린 것이고 거두는 것은 거두는 것이지요. 뿌린 대로 거두면 얼마나 좋겠어요. 그저 굶지 않을 정도로 거둘 수만 있다면 얼마나 좋겠어요'.

두지가 슬그머니 말꼬리를 내린다. 입이 열렸다고 말을 내다보면 헛말 나오기 쉽다. 그 말이 혹 사람이 아닌 신의 심기라도 건드리면 동 티나기는 불 보듯 훤하다. 갑자기 뒤통수가 따끔거린다. 흘기는 이도 없고 벼르는 이도 없는데, 웬일인가. 아무래도 말이 헛나와서인듯싶다. 말 좀 한다고 세 치 혓바닥을 아무 데나 내질러 스스로 화(禍)와 액(厄)을 불러들이는 꼴이 된 것 같기도 했다. 뒤가 켕긴다. 볼일 보고 뒤 안 닦은 듯 불편한 맛이 있다. 말로 빚 갚고 짝도 얻는다고 했다. 어떤 놈은 입 잘 놀려 명도 늘렸다는데, 괜한 소리 지껄인 게 아닌가.

두지가 다시 정을 들어 돌바닥에 끝을 댄다. 살살 미리 눈으로 금 긋고, 그대로 홈을 파고 그 자리에 작은 손돌을 넣어 갈아낸다. 오늘로 사흘째다. 온전히 마치려면 얼마나 더 걸릴까? 나흘이나 닷새가 훌쩍 지나갈 수도 있다. 함께 일하는 스승뻘인 어른 두로가 한 번 새긴 것에 뭘 덧붙이지는 말아야 할 텐데, 그러면 일이 더해진다. 그런데, 날마다 그런다. 새벽에 산신께 제사 올릴 때마다 말씀이 더 온단다. 두지는 몰래 고개를 갸우뚱거리면서도 이 일로 입을 비쭉거리지는 않는다. 두 귀로 '들었다' 하니 달리 말을 꺼내며 고개를 젓기도 어렵다. 내가 들은 것도 아니요, 어르신이 받으셨다니 무슨 다른 말을 할 수 있으리오.

인규가 이런저런 연구보고나 논문을 읽으며 확인하기로 천전리 글 바위에 암각화를 새기는 작업은 긴 시간에 걸쳐 여러 차례 이루어졌다.[05] 처음에 점으로 쪼아 형상을 만들어 낸 짐승들이 바위에 등장한 뒤, 한참 시간이 흐르고 나서야 다시 좀 더 세련된 기법으로 짐승과 사람들이 새

천전리 각석 점 쪼기 작품 개별 형상

천전리 각석 점 쪼기 작품 개별 형상

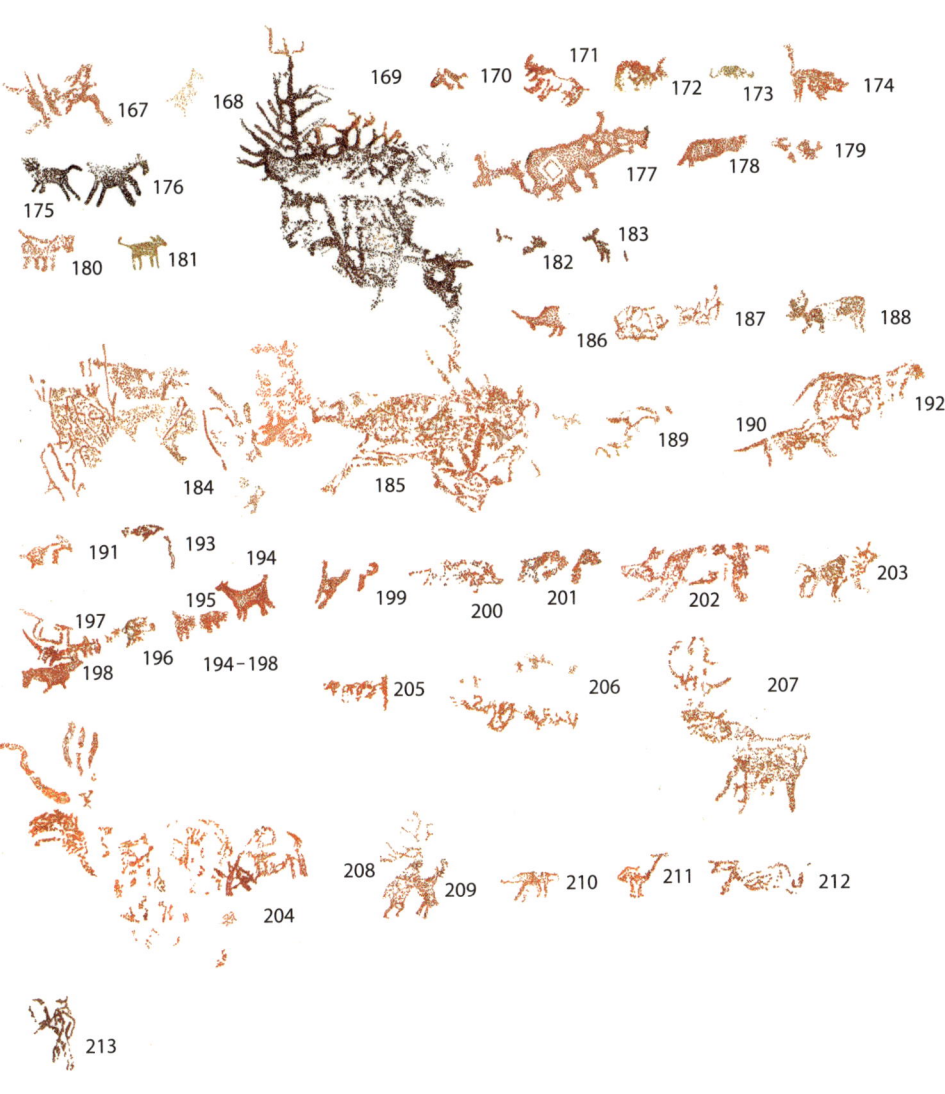

천전리 각석 점 쪼기 작품 개별 형상

겨졌다. 다시 오랜 시간이 지난 다음에는 겹으로 원을 그리거나 마름모꼴을 새겨 넣었고, 사이사이에 뱀이나 사람 얼굴을 형상하는 일이 계속되었다. 아마 그런 작업도 여러 차례 띄엄띄엄했을 수 있다. 에고, 그걸 어떻게 다 알아내. 생각할수록 암각화 연구하는 사람들이 용하구나! 했다. 아주 끈질기면서도 관찰력이 뛰어나지 않으면 새김의 앞뒤를 가려내고, 기법의 변화를 일일이 추적해내기 어렵다. 후배 덕수 같은 사람들은 말할 것도 없고, 나름 글 쓰는 사람으로 자부심이 있던 인규 자신도 전혀 엄두가 나지 않는 일이다. 인규가 자신에게 보고서와 연구서를 보냈던 이들에게 혀를 내두르면서 글 쓰기를 계속한다.

선사시대의 조각가들은 여러 종류의 짐승을 돌로 쪼아 새겼다. 작은 점들이 모여 선을 이루게 했다. 한 쌍이 마주 보거나 엉덩이를 맞대듯 붙어 있게 하고 새끼들을 낳을 수 있게 짝을 지워주기도 했다. 사슴을 새기며 나뭇가지처럼 풍성한 뿔을 달아 준 일도 있다. 뿔이 생명의 나무임을 보여주려고 수없이 가지를 뻗게 하고, 몸보다 뿔이 몇 배 큰 사슴이 돌 위에 서 있게도 했다. 세상을 창조한 거대한 우주나무를 사슴의 뿔에서 볼 수 있게 하여 이런 뿔 사슴이 여럿이 모이면 숲처럼 보일 수도 있게 했다.

암각화가 새겨진 네 개의 바위 가운데 주암면으로 불리는 가장 큰 바위에는 180마리의 짐승과 물고기, 상상의 동물을 새겼다. 사슴과 소처럼 굽이 있는 초식동물이 93마리, 갯과와 고양잇과에 속하는 육식동물이 26마리, 상어를 비롯해 바다에 사는 어류와 해양 포유류가 6마리, 너무 희미하거나 한 부분만 남아 정체를 알 수 없는 것이 55마리이다. 이외에 활을 든 사람, 머리가 큰 사람, 머리만 있어 가면을 묘사한 것으로 추정되는 그림까지 돌로 쪼아 새긴 다양한 물상(物像)이 217점이나 있다.

작은 초식동물들에게 활을 겨눈 사람은 조심스레 짐승 떼에 접근해 화살 하나로 한 마리를 잡으려 애쓰던 초원 사냥의 한 장면을 연상시킨다. 빳빳하게 선 성기를 앞으로 내민 채 짐승들에 둘러싸인 남자는 머리가 유달리 크다. 그런 점에서 보통 사람과는 구별된다. 신의 대리자에 가까운 사람으로 보아도 될 듯하다. 사람의 머리가 달린 네발짐승은 짐승이 먼저 새겨지고 머리 부분에 사람의 머리가 덧씌우듯 새겨진 경우이다. 짐승의 머리 위에 일부러 사람 머리를 새겨 새로운 존재를 탄생시키려 했는지는 알 수 없다. 꼬리가 크게 휜 고래 몸의 한 부분만 남은 그림도 있다. 바다에서 사냥당한 고래를 묘사한 것일 수도 있고, 바다에서 고래가 헤엄치는 장면을 나타냈지만, 일부분만 남은 것일 수도 있다.

사냥의 시대, 채집의 시대, 사냥과 채집을 겸하던 시대, 깬 돌만을 도구로 삼던 구석기시대 사람들은 자연이 준 대로 받으며 살았다. 수십만 년 동안 그런 시대가 계속되었다. 돌을 갈고 다듬어 쓰던 신석기시대 만 오천 년 동안에도, 돌 속의 구리와 주석을 뽑아 녹이고 굳혀서 도구로 만들어 쓰던 청동기시대 오천 년 동안에도 사냥은 사람이 살아가는 가장 중요한 방식의 하나였다. 채집도 마찬가지다.

신석기시대에 농경과 목축이 시작되었어도 여전히 많은 사람이 짐승사냥과 식물 채집으로 살아갔다. 농경과 목축이 사람이 살아가는 기본 방식처럼 여겨지게 된 것은 청동기시대이다. 청동기시대가 되어서야 많은 수의 사람들이 국가나 국가에 가까운 큰 부족이라는 틀 안에서 살게 되었다. 그런데도 부족이나 국가 바깥에서 사냥과 채집으로 살아가는 사람들이 숲과 초원, 큰 강과 사막의 언저리에 흩어져 살고 있었다.[06]

천전리 글바위에 점으로 찍혀 제 모습을 남긴 짐승들은 사냥과 채

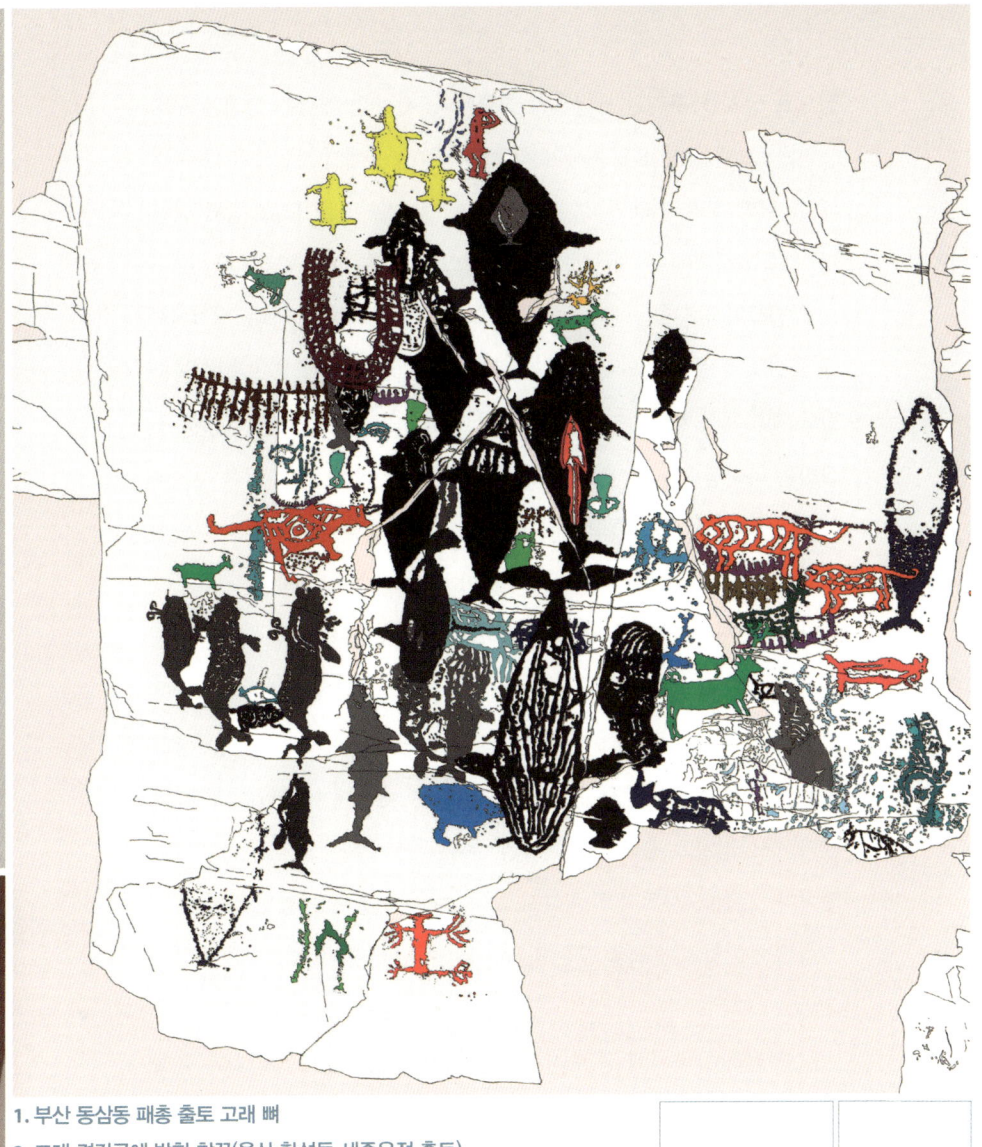

1. 부산 동삼동 패총 출토 고래 뼈
2. 고래 견갑골에 박힌 창끝(울산 황성동 세죽유적 출토)
3. 반구대 암각화 고래와 작살

집으로 생계를 꾸리던 사람들의 작품이다. 사냥과 채집은 생계를 꾸리는 가장 오랜 방식이다. 농사가 시작되지 않은 곳에서 사람들은 나무 열매, 껍질과 뿌리, 벌레와 알, 작고 커다란 짐승을 먹을거리로 삼아 살았다. 청동기시대에도 그런 사람들의 삶의 방식은 크게 바뀌지 않았다.

신석기시대 울산에 남겨진 농경의 흔적은 뚜렷하지 않다. 신석기시대 울산의 마을은 해안에서 주로 발견된다. 울산의 신석기시대 마을 사람들은 조개를 채집하고 물고기를 잡으며 살았다, 가끔 바닷가에서 붙잡히는 바다짐승을 먹기도 했다. 신석기시대 울산의 바닷가 마을 자리에는 사람들이 먹었던 고래의 뼈들이 남아 있다. 작살 끝이 척추뼈에 박혀 들어오는 순간 내지르던 고래의 비명이 울산 바다의 모래톱과 바위 자락 사이 틈서리에 꽂히며 화석이 되어 남는 일도 심심치 않게 일어났다.

바닷가에 삶의 자취를 남기지 않은 울산의 신석기시대 사람들은 강변에 살았던 사람들이다. 이들은 바다처럼 넓고 조개와 고둥, 물고기로 가득하던 태화강과 동천, 회야강 강변 대지에 마을을 이루고 살았다. 태화강으로 흘러들던 대곡천 하류 강변 대지에도 마을이 있었을 것이다. 그러나 자취가 뚜렷하지 않다. 대곡천 곁 천전리 글바위 동물 그림에서 이들의 흔적을 간신히 읽어 낼 수 있을 뿐이다.

천전리 글바위에 점 쪼기로 동물을 새겨 넣으면서 사람들은 동물을 바위에 붙박아 넣었다고 여겼는지도 모른다. 사냥을 생계 수단으로 삼는 사람들이 '동물과의 교감', '동물의 주인인 신과 소통'하면서 사냥에 나선다는 사실은 잘 알려져 있다. 사냥에 나서는 사람들은 사람도, 동물도 영혼을 지니고 있어 먹고, 먹힐 수밖에 없는 관계를 맺고 있다고 보았다.[07] 먹고 먹히기를 서로에게 허용하면서 산다고 여긴 것이다.

후기 구석기시대 사람들은 사냥꾼과 동물, 이 모든 생명을 지키며 다스리는 신이 서로 교감할 수 있다고 생각했음이 거의 확실하다. 근래까지 시베리아의 일부 민족, 일본 북해도 아이누족 사회에서 발견되던 '곰 제의'는 사람과 신, 동물 사이에 소통이 이루어진다는 믿음을 전제로 한 것이다.[08] 순록이나 산양, 들소와 원주민 사이의 혈연관계 인식을 언급한 민족지적 보고 역시 오랜 기간 사람과 동물 사이에 맺어지고 유지되던 교감, 소통의 흔적이다.[09] 천전리 글바위에 점 쪼기로 새겨진 동물 대다수가 초식인 것은 사냥 동물과의 교감, 동물 세계의 주인인 신과의 소통을 믿으며 바위에 새김을 남긴 사냥 사회 사람들의 모습을 생생하게 전해준다.

일본 북해도의 아이누 마을 사람들은 한 해 3월쯤 산에 올라가 새끼 곰을 잡아다가 마을에서 기른다.[10] 마을에서 기르는 동안 곰이 잘 자라주면 마을 사람들은 이 곰으로 말미암아 마을에 닥쳐올 액운이며 질병이 예방된다고 믿는다. 3~4년 정도 길러진 곰은 보통 한겨울이나 초봄에 날을 잡고 곰 제의를 펼치며 잡는다.

제의의 첫날 우리에서 꺼내진 곰은 단단히 묶인 상태로 마을의 집을 한 곳 한 곳 데리고 다닌다. 그 집에서 액운과 질병을 쫓아버리고 복이 들어오게 하려는 것이다. 곰이 한 집, 한 집 다니는 사이에 마을 곳곳에서는 여러 가지 운동과 놀이가 펼쳐진다. 사람들은 곰에게 마을 곳곳에서 온갖 놀이와 운동이 왜 열리는지 설명해준다. 곰이 마을 사람들에게 행복을 가져다준다는 사실을 알려주며 의기소침해졌을 수도 있는 곰의 기분을 북돋워 주는 것이다.

집집 방문을 마친 곰은 미리 세워둔 커다란 두 기둥 사이에 묶인 뒤 화살에 맞아 죽는다. 마을 사람들은 곰이 죽은 것을 슬퍼하며 소리내어 울고 곰의 영혼이 무사히 저세상으로 가기를 빈다. 죽은 곰은 온

갖 음식을 담은 그릇들이 놓인 제사장으로 옮겨진다. 사람들은 신위(神位)를 놓을 자리에 모셔진 죽은 곰과 제사상 앞에서 술을 돌려 마시며 춤추고 노래한다.

제의의 둘째 날, 사람들은 죽은 곰에게 술을 권한 뒤, 저세상으로 갔다가 다시 아기곰으로 돌아와 사람들에게 발견되어 지난번처럼 마을로 붙잡혀 오기를 기원하는 주문을 왼다. 그런 뒤, 외투를 벗기듯이 곰 가죽을 벗기고 몸을 해체해 삶아서 먹을 수 있는 상태로 만든다.

제의의 셋째 날에는 곰 고기를 삶아 '신성한 음식 먹기'를 한 뒤 각종 놀이와 춤, 노래로 즐겁게 지낸다. 잘 보관하고 있던 곰의 머리는 마을의 성역(聖域)에 안치한 뒤 그 앞에 제물을 올리고 기도한다. 성역에 둔 곰의 머리는 마을의 성주신이자 사냥신이 된다.

사냥은 동물을 쫓아가 잡는 일이다. 창으로 찌르거나 화살로 쏘아 맞히기도 하고, 함정에 빠뜨리기도 하며 그물에 걸리게도 한다. 대부분의 굽 있는 동물들은 위험을 빨리 알아차리고 날쌔게 달아난다. 도보 사냥으로는 잡기 벅찬 동물들이 많다. 이런 동물들을 사냥하는 가장 확실한 방법은 몰래 다가가 정지 상태의 대상을 화살로 쏘아 맞힌 뒤, 개가 뒤쫓게 하거나 특정한 장소로 몰아 함정에 빠트리는 것이다.

천전리 글바위 암각화의 점 쪼기 동물들은 대부분 정적인 자세이다. 사냥을 생계로 삼는 사람들이 천전리 글바위에 암각화를 남겼다면, 점 쪼기로 서 있는 사슴이나 말굽 동물들을 새겨 바위에 붙잡아 두려고 했을 수 있다. 동물의 주인, 동물의 생사를 주관하는 신에게 손쉽고 확실한 사냥을 하게 해달라고 빌면서 정지한 상태의 동물을 바위에 새겨 넣었을 수 있는 것이다. 물론 이런 행위를 통해 사람도 굽 있는 짐승들의 밝은 귀, 빠르게 달리는 능력을 덧입으려 하지는 않았을 것이

 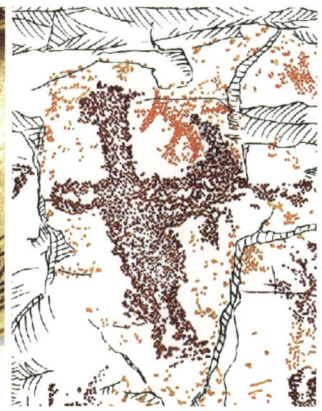

일본 동경국립박물관 소장 전 경주 출토 견갑형 청동기의 큰 뿔 사슴 두 마리
천전리 각석 점 쪼기 인물상 실측도(34쪽 실측도의 17)

다. 그런 바람이 있었다면 대상이 빠르게 달리는 모습을 묘사했을 것이기 때문이다.

　　세계 곳곳에 남아 전하는 사냥꾼 신화에는 사람과 자연, 사람과 동물 사이에 균형이 유지되게 하려 애쓰는 동물의 주인이자 사냥꾼의 신이 등장한다.[11] 사람과 동물의 관계가 어느 한쪽으로 치우치지 않게 하는 게 중요했기 때문일 것이다. 너무 많이 잡아 그 동물이 사라지면 더는 사냥이 불가능하다. 이런 일이 있어서는 안 되는 것이다. 사냥이 제대로 이루어지지 않아 특정한 동물이 너무 많아져도 문제가 된다. 이런 동물로 말미암아 생태계의 균형이 깨지면 환경도 바뀌는 까닭이다. 사슴이 너무 많아지면 숲 언저리의 풀이 미처 자라지 못한다. 풀이 덮이지 않은 땅은 척박해진다. 습하고 따뜻한 풀밭 아래 살던 작은 생명체들이 사라진다. 그러면 결과적으로 사슴도 살기 어려워진다. 이런 일도 일어나서는 안 된다.

　　동물의 주인이자 사냥꾼의 신은 사람이 큰 곰 한 마리를 사냥하면 새끼 곰 한 마리가 태어나 잘 자라게 한다.[12] 사람도, 동물도 이

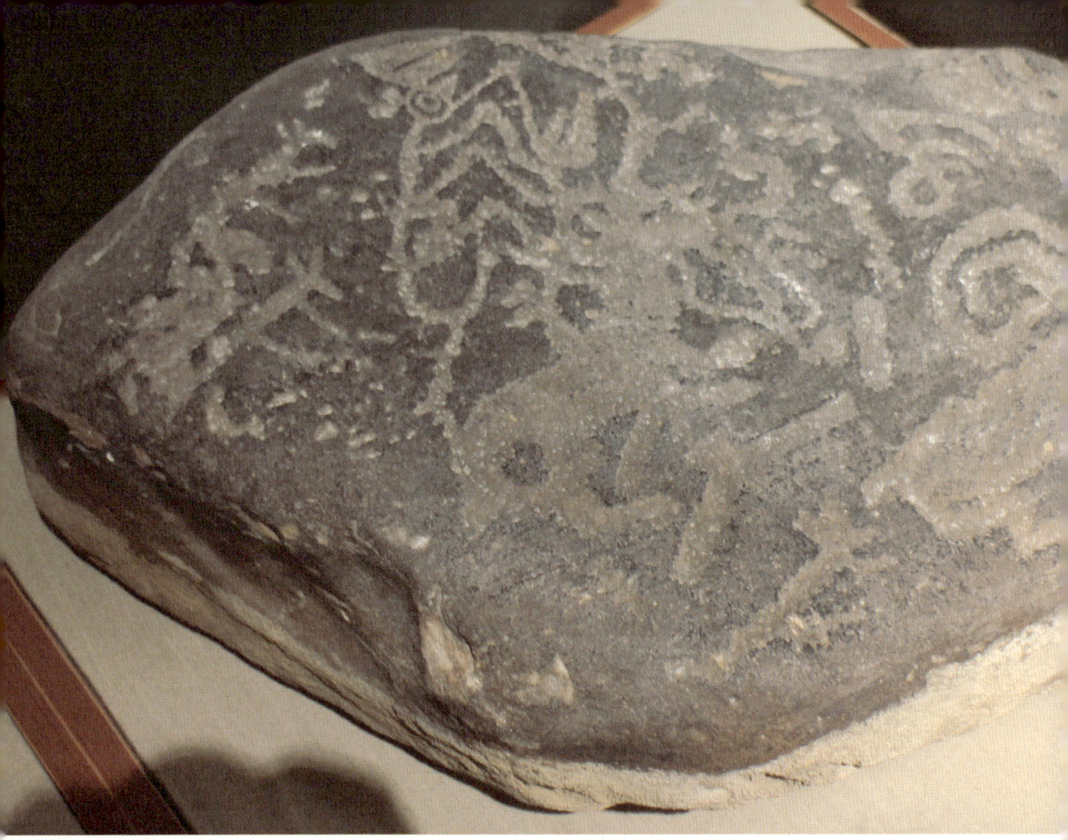
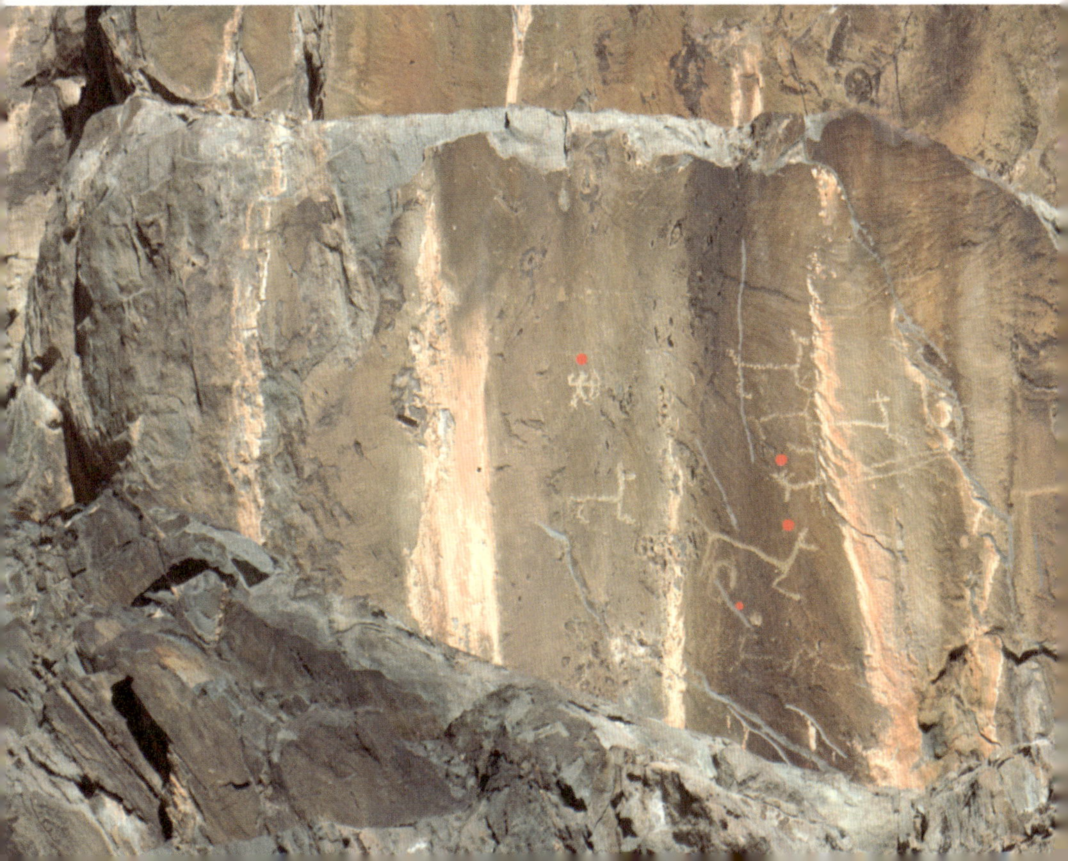

1	2
3	4

1. 중국 영하회족자치구 하란산(賀蘭山) 바위그림
2. 중국 영하회족자치구 하란산(賀蘭山) 바위그림
3. 중국 영하회족자치구 하란산(賀蘭山) 바위그림
4. 중국 영하회족자치구 하란산(賀蘭山) 야생 산양

걸 알고, 신이 제시한 원칙을 지키고 따라야 한다. 동물도 사라지고 사람도 굶어 죽는 일이 일어나지 않아야 할 것 아닌가? 만일 실제 그런 일이 일어난다면 신도 결국은 숭배받고 제사 받지 못하게 되지 않겠는가?

역사의 아주 이른 시기부터 신과의 소통을 전담하는 사람이 나타난 것은 신이 언제나 사람을 만나 주는 것도 아니고, 누구나 신과 대화가 가능하지도 않다는 사실을 잘 알고 있었기 때문이다. 그러나 신성한 바위 앞에서는 누구나 기도할 수 있다. 종교전문가인 사제가 나서서 제의를 올리고 신과 사람 사이를 중재한다면 소통도 쉽고 효험도 확실할 것이다. 하지만 이조차도 신이 그러고 싶어야 한다. 신이 사람의 기도를 외면하거나, 아예 답하지 않으면 그만이기 때문이다.

사냥꾼 사회의 사람들이 천전리에서 발견한 커다란 바위에 동물을 새기면서 신의 응답을 간구했다면, 이것은 동물의 주인이 바위에 내려오거나 바위에 들어와 사람과 소통한다는 믿음에서 비롯되었다고 보아야 한다. 사냥 대상이 되는 동물의 모습으로 사람에게 오기도 하고, 나무나 돌에 자신을 드리워 신성을 드러낼 수 있는 동물의 주인이 신성한 물가의 바위를 자신의 힘과 능력을 담아 두는 곳으로 삼았기 때문에 일어난 일이다. 지금도 사람들은 특별한 자리에 있는 기암절벽을 신성하다고 여기고 그 앞에 제사한다. 신화적 사고를 일상에 담고 살던 시기의 사람들이 천전리 글바위, 천전리 각석을 신성하게 여기고 숭배하는 행위는 극히 자연스럽게 이루어졌다고 보아야 할 것이다.

그래, 균형을 맞추는 게 어려운 일이지. 사람도, 동물도 서로를 배려해야 하는 거야. 물론 균형과 조화를 주도하는 건, 사람 쪽이겠지만 말이야. 당시 사람들은 바위에 뭔가 새기면서도 이런 생각을 했을까? 어떤 학자들은 구석기시대에 특정한 섬이나 대륙에 호모 사피엔스가 나타나면 오래지 않아 대형 포유류들이 멸종했다던데,[13] 그런 경험이 쌓이면서 생겨난 지혜인가? 인규가 습관적으로 고개를 갸우뚱거리거나 주억거리면서 연구보고서에 실린 천전리 글바위 실측 도면을 다시 본다. 사냥 장면 외에도 유난히 큰 뿔을 지닌 사슴 두 마리가 눈에 들어온다. 인규의 손이 불에 덴 듯 자판 위에서 빠르게 움직이기 시작한다.

천전리 글바위에서는 암수 한 쌍의 동물이 서로 머리를 맞댄 장면이 여럿 발견된다. 때로 꼬리 쪽을 맞대다시피 하고 머리는 서로 반대 방향을 향한 한 쌍의 동물이 묘사되기도 한다. 선사·고대 회화에서 한 쌍으로 표현된 동물에는 번식의 기원이라는 관념이 투사되었다고 볼 수 있다. 사냥꾼 사회의 사람들에게도 동물의 번식은 주요한 의미를 지닌다. 한 철의 과도한 사냥으로 번식 가능한 상태의 동물 수가 심각하게 줄어든다면 다음 해 이런 동물의 사냥은 아주 많이 어려워지거나 심지어 불투명해질 수도 있기 때문이다.

천전리 글바위에는 거대한 뿔을 지닌 사슴이 여러 차례 등장한다. 암수가 쌍을 이룬 듯이 보이는 사슴 가운데에도 뿔이 머리보다 크고 여러 갈래로 뻗어 나간 것이 있다. 선사·고대 사회에서 뿔은 생식 능력을 나타낸다. 실제 야생에서도 큰 뿔을 지닌 수사슴이 수컷 사이의 경쟁에서 우위를 차지하고 암컷들을 독차지한다. 점 쪼기로 동물상을 새긴 사람들은 큰 뿔을 지닌 수사슴을 바위에 새겨 남겼다. 사냥할 사슴 무리가 번성하기를 기원한 까닭이리라.

천전리 글바위의 점 쪼기 동물상 가운데에는 온전한 모습의 고래와 상어도 보인다. 고래 중 어떤 것은 절벽 위에서 내려다본 듯 등을 보이며 헤엄치는 상태로 묘사된 것이 있다. 이는 천전리에서 멀지 않은 반구대 절벽에 암각화를 남긴 사람들처럼 글바위에 점 쪼기로 동물상을 새긴 사람들도 바다에 다녀왔다는 뜻이다. 글바위에 바다에서 만난 고래와 상어를 새기면서 이런 것들을 사냥할 수 있게 해달라고 신에게 간구했음을 의미한다.

사냥을 주요한 생계 방식으로 삼던 사회의 사람들은 동물의 생태와 자연환경을 잘 알고 있었음이 틀림없다. 어떤 동물이 터를 잡고 사는지, 어떤 동물이 이동하며 사는지를 아는 정도에 그치지 않고 특정한 동물들의 숫자가 그대로 유지되고 있는지, 늘어나거나 줄어드는지, 그 이유는 무엇인지 자세히 관찰하고 기억하고 있었음이 확실하다. 동물 생태와 자연환경을 세심하게 관찰하여 그 결과를 공유하고, 조상 대대로 내려온 사냥 대상과 어떻게 접촉하고 있는지를 기억하지 않고 있다면 제 때에 적절하게 사냥하는 일이 불가능했기 때문일 것이다. 저들의 사회에서 동물과 환경에 관심을 두고 관찰하고 사냥한 기억과 경험은 세대에서 세대로 전해졌을 것이다.

천전리 글바위에 점 쪼기 동물상을 남긴 사회의 사람들도 사냥 대상이 된 동물의 생태, 그것들을 둘러싼 자연환경에 대한 기억과 경험을 신화적 서사로 정리하면서 공유하였을 것이다. 저들이 믿는 신의 중재를 바탕으로 사람과 동물의 관계가 설정되고 유지되었을 가능성도 크다. 자연 속에서 균형을 유지하는 방식으로 저들의 생활양식인 사냥과 채집을 지속시켜 나갔을 것이다. 신이 허락하고 도와주기를 바라며 신비로운 큰 바위 앞에 서서 진지하게 새김을 거듭한 결과가 천전리 글바위의 점 쪼기 동물들이 아니겠는가?

인규가 방금 자기가 정리한 글을 한 차례 읽어보다가 자못 심각한 표정을 짓는다. 자신도 모르는 사이에 천전리 글바위의 처음 새겨진 점 쪼기 동물들을 신석기시대 작품으로 상정하고 있는 것 아닌가. 그런데 참조하고 있는 다른 지역의 자료들은 모두 청동기나 철기시대의 것이다. '사냥'이라는 주제만 공동의 관심으로 떠올라 있을 뿐이다.

사실 인규가 보기에 천전리 글바위의 점 쪼기 동물들은 관심의 대상이었던 적이 없다. 암각화 연구하는 이들이 낸 보고서나 논문에서도 점 쪼기 동물들은 아예 언급되지 않을 때가 더 자주 있다. 마치 이웃 반구대 암각화에 새겨진 물상은 종류가 다양하지만 고래만 이야기되는 것이나 비슷하다. 반구대 암각화=고래, 천전리 암각화=기하문, 이게 일종의 정답이다.

인규는 새삼 편견이 한 번 만들어지면 쉽게 지워지지 않는다는 사실을 실감한다. 그나저나 점 쪼기 동물들이 신석기시대 새겨졌는지, 아니면 청동기시대 작품인지 어떻게 알아내지? 그냥 그렇다 치고, 그렇게 믿고 밀고 나가? 참 곤란하군. 일단 판단은 좀 미루어 두어야겠어. 아니지, 한 번 이런저런 가능성은 두드려 봐야 하는 것 아닌가. 다 식어버린 커피 한 모금을 마저 홀짝거리며 잠시 멍하니 모니터를 보던 인규가 의자를 책상 앞으로 당기며 자세를 곧추 잡는다. 아침을 거른 탓일까. 시장기가 슬그머니 뱃속 어디선가 머리를 들기 시작한다.

신석기 사회 미술의 주된 제재는 동물과 신성한 존재이다. 신석기 유적에서 발견되고 수습되는 유물 가운데에는 이목구비가 생략되거나 엄숙하고 무표정한 얼굴의 신상, 아니면 뭔가에 붙박인 듯한 자세의 동물상이 적지 않다. 이와 달리 청동기시대의 유적에서 자주 발견되는 것은 의례용 기물이다. 한국의 청동기시대 유물인 청동거울이나 방울, 의례용 기구에는 상징성이 뚜렷한 기호들이 빈틈없이, 정교하게 새겨진 사례가 많다. 중국의 청동기시대 유물인 주기(酒器)와 식기(食器)

에는 기괴한 얼굴과 몸체를 지닌 동물상이 표현되는 게 일반적이다.

천전리 글바위의 점 쪼기 동물상은 이곳을 종교적 성지로 삼던 신석기 사회 사람들이 행한 주술 활동의 결과물일 수 있다. 이 바위에 기하문을 남긴 사람들이 점 쪼기 기법으로 새긴 암각화 위에 새로운 새김 작업을 시도한 것은 그들이 전혀 모르는 사람들이 남긴 점 쪼기 동물들에 어떠한 신성성도 부여할 수 없었기 때문 아닐까? 남은 흔적으로 보아 기하문을 새긴 사람들이 일부러 이전의 암각을 제거한 것은 아니다. 깊은 선각의 기하문이 새겨지지 않은 바위 양쪽 끝의 점 쪼기 암각이 그대로 남아 있는 것도 그래서가 아니겠는가?

천전리 글바위의 굵고 깊은 선각 기하문은 내용상 신석기시대 및 청동기시대 농경사회와 관련지을 여지가 크다. 이와 달리, 점 쪼기 동물상은 농사꾼들보다 앞선 시기에 살았던, 신석기시대 사냥꾼들이 남긴 작품일 수 있다. 신석기시대 후기에 농경이 시작되었다고 하여 모든 신석기 유적에 농경과 관련된 유물이 남아 있지는 않다. 청동기시대에도, 이어진 철기시대의 크고 작은 국가 안팎에도 사냥꾼 사회는 있었다. 천전리 글바위의 점 쪼기 암각문에 기하문이 포함되어 있지 않은 것은 점 쪼기 동물상이 전형적인 사냥꾼 사회가 남긴 것이기 때문일 수 있다.

한반도에서도 신석기 후기에는 농경이 시작되었다. 천전리 글바위에 점 쪼기 암각 작업이 시도된 시기가 신석기 중기 이전일 수도 있는 것이다. 그러나 청동기사회에서도 사냥은 먹거리를 확보하는 주요한 수단이었다. 이미 농경이 활발하게 이루어지고 있었다 하더라도 큰 강에서 멀리 떨어진 곳에 살던 사람들은 여전히 사냥과 채집으로 먹고 살았으리라. 그러면서 자기네 삶터의 어떤 신성한 지역, 그곳에 있는 거대한 바위, 아니면 기묘하게 생긴 바위에 저들의 삶과 신앙을 그림으로 남겼을지도 모른다.

무늬처럼 새겨진 글

메모 뭉치를 식탁 위에 그대로 둔 채 인규가 다시 서재 컴퓨터 앞에 가 앉는다. 컴퓨터 본체가 부르르 거리며 모니터 화면이 켜진다. 인규가 자리에서 다시 일어나더니, 서재와 부엌 사이를 오가며 조금은 부산스럽게 물을 끓이고 커피콩을 간다. 갈아낸 커피를 내리는 그 짧은 시간을 못 참고 다시 책상 앞에 앉더니 컴퓨터 자판을 두드린다.

세 개, 네 개씩 겹쳐진 마름모가 바위 위에서 줄을 이루면 생명의 기운으로 가득한 여신에게 제사를 올릴 때마다 바위로부터 나오는 기운을 받을 수 있다.[14] 겹으로, 겹겹으로 마름모를 새겼다. '어머니 신이여, 우리의 소리, 우리의 간절한 울림을 들으소서. 우리에게 당신의 생명을 나누어 주소서.' 소리와 울림이 클수록 마름모는 깊어지고 굵어졌다. 갈고 새기고, 또 갈고 새기며 몇 번이고 엎드려 절하며 울부짖었다.

바위 위에 동그라미가 겹을 이루었다. 동그라미가 겹이 질수록 하늘은 높아지고 높아진다는 느낌이 왔다.[15] 그래, 하늘 한가운데 우리가 믿고 의지하는 어머니 여신, 하늘 여신이 있다. 동그라미 안의 동

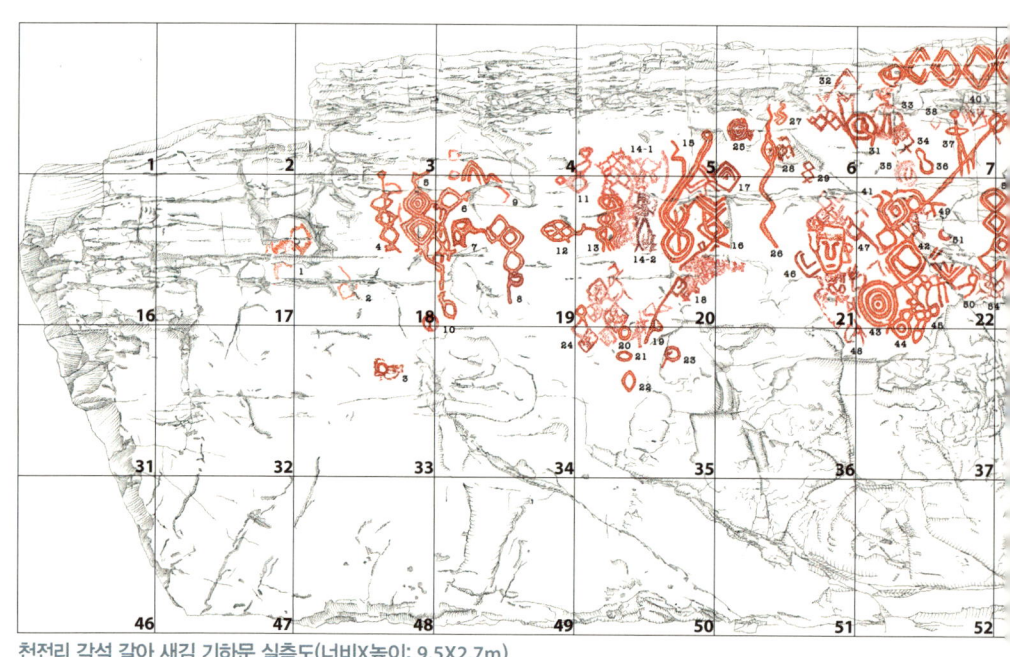
천전리 각석 갈아 새김 기하문 실측도(너비X높이: 9.5X2.7m)

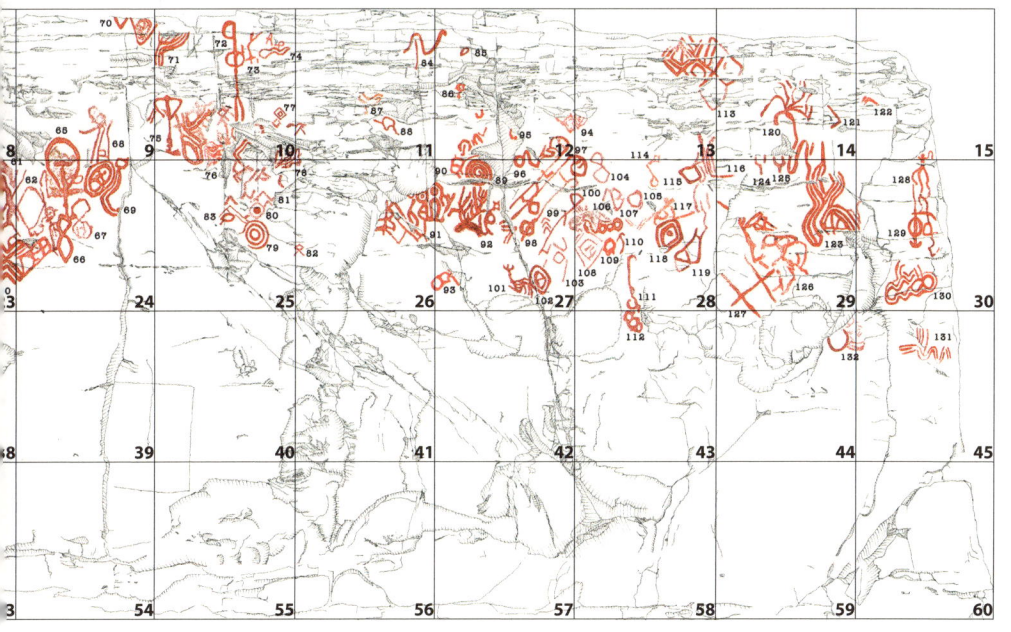

천전리 각석 갈아 새김 기하문 부분(62쪽 실측도의 4~10, 19~25, 34~40, 49~55)

그라미, 그 안의 동그란 점, 하늘 한가운데 우리의 처음 어머니가 계시다. 하늘 한가운데 있는 점, 가장 높고 가장 깊은 그곳에 하늘의 어머니 여신의 집이 있다. 작은 점이지만 하늘에 올라가 보면 세상의 어떤 집보다 클 것이다.

하늘 어머니 여신의 몸이기도 한 그 집, 모든 생명을 담고 있는 그 커다란 집이 아득히 멀리 땅 위에 있는 우리에게는 점으로 보인다. 우

리는 바위에 어머니의 몸을 점으로 나타낸다. 생명을 담고 있는 큰 그릇이기도 한 그 집이 바위에는 점으로 새겨졌다. 그 점에서 세상으로 내려오는 것이 바로 생명의 씨앗이다. 이 씨앗 안에는 어머니 여신의 숨이 있다. 그것이 싹으로 난다. 그것이 씨앗을 열고 나와 자란다. 그것이 잠깐 사이에 곡식 줄기도 되고, 도토리와 개암이 가득 열리는 큰 나무도 된다.

　하늘의 어머니 여신이 준 씨앗이 움터 높고 거대한 나무가 되고, 줄기와 가지에서 잎을 내고, 열매를 맺어 땅에 떨어트리면 우리는 그것을 주워 집으로 가지고 온다. 그 안에 담긴 씨앗을 잘 말려 항아리에 담는다. 아마 어머니 여신이 있는 그곳, 하늘 한가운데에도 거대한 하늘나무가 자랄 것이다. 그 나무의 줄기와 가지 사이에 수많은 열매가 달려 있겠지. 수많은 씨앗이 담긴 수많은 열매! 우리네 세상 여인의 몸 안에서 자라는 우리의 아기들도 그런 열매 중의 하나일지 모른다. 하늘나무 열매의 씨앗들이 우리네 여인들의 몸에 들어와 아기로 자라는지도 모른다. 지금의 나도 본래는 하늘나라 큰 나무의 열매였을까?

　그렇다면 우리의 세상 날들은 하늘나무에 달린 열매가 하늘의 땅 위에 떨어져 새싹으로 나고 자라는 이야기이기도 하다. 그것들이 자라 숲을 이루며 서로를 돌보는 이야기 말이다. 어른들이, 할아버지와 할머니가 어린아이를 무릎 위에 앉히고 해주던 이야기가 하늘에서 자라는 그 아이의 이야기인 것이다.

　　때가 되면 그 아이도 자기의 아들과 딸, 손자와 손녀들에게 그 이야기를 해줄 것이다. 하늘 한가운데 있는 어머니 여신의 큰 집 마당에 자라는 거대한 우주나무 이야기를, 우주나무 둘레의 새끼 나무들, 앞서거니, 뒤서거니 자라며 하늘의 하늘로 솟아오르는 나무들 이야기를 그 아이의 아들과 딸들이 그들의 아들과 딸들에게, 손자와 손녀들에게 해줄지도 모른다.

　글을 쓰다 보니 인규는 자신이 이야기를 듣는 아이가 되고, 이야기하는 할아버지, 할머니가 된 것 같다. 자신이 이야기 속 생명의 씨앗을 담은 열매라는 생각도 들었다. 바위에 점을 새기는 사람이 자신인 것 같기도 하다. 자신을 글바위에 왔던 사람들에 이입하며 인규는 스스로가 만드는 이야기 속에 빠져드는 것 같은 느낌을 받는다.

　　바위 위에 바구니나 그물처럼 겹겹 동그라미를 세로로 가로로 이었다. 동그라미들이 이어져 그물이 되도록 만들었다. 그물에 눈이 있고 바구니에 코가 있듯이 각각의 동그라미 안에 동그랗게 점을 넣기도 하고 새로 더 작은 동그라미 하나 더 넣기도 했다. 자신의 아버지, 할아버지가 새겨 넣었던 동그라미 곁에 새로 동그라미를 더했다.

　　중년의 두 사내가 서로에게 잘 들릴 정도로 소리 내어 웅얼거리면서 바위에 새겨진 동그라미에 조그만 손돌을 올려놓더니 깊이 갈아내기 시작한다. 둘이 바위에 깊게 갈아 새긴 동그라미 안에 새로 동그라미를 넣고 둥근 점을 하나 더 만들어내려 애쓰는 동안 함께 온 여인들은 바위 앞에 엎드려 아기집을 채워 달라고 하늘의 어머니 여신께 빌고 또 빈다. 여신의 아기집을 열어 생명의 씨앗을 내어 달라며 기도 소리 위에 간절한 마음을 더 한다.

그들이 알기로, 조상에게서 전해 듣기로, 하늘의 어머니 여신은 사람이 잡아먹을 수 있는 짐승을 사냥터에 보내주고 나무의 열매와 커다란 덩이뿌리도 숲에 채워주신다.[16] 그들은 그것들을 받을 때가 되면 바위에 그것들의 모습을 그리고 새긴다. 동그라미와 마름모를 새기고, 이것들을 하나로 잇기도 한다. 둘을 하나로 붙이기도 하고 떨어뜨리기도 한다. 그들이 열심히 마음을 모아 그 일을 할 때는 입을 열어 그것을 말한다. 하늘의 어머니 여신이 들을 수 있도록 큰 소리로 말한다.

어머니 여신, 하늘에 계신 처음 어머니는 사람들의 소원을 귀담아듣고 갖가지 생명을 담은 형형색색의 씨앗을 세상에 소낙비처럼 쏟아주신다. 바위에 그런 것을 새길 때는 보이지 않지만, 그들이 바위를 떠나 숲으로 가고 들판으로 가면 곳곳에 그런 것이 모여 있다. 숲의 나무에는 열매가 주렁거리고, 숲 언저리 나무 둥치 아래 풀숲과 바위 사이에는 불룩거리는 굵은 뿌리가 비쭉 머리를 내밀고 있다. 숲과 들, 골짝과 내에는 먹음직스럽게 자란 짐승 새끼들이 뛰어다니고, 잠시 자취를 감추었던 물고기가 떼를 이루어 헤엄쳐 다닌다. 숨어 있던 가재는 자갈 아래에서 나와 집게발을 흔든다. 작은 새우들이 가재를 피해 달아나고, 물이끼 사이에 숨은 고둥은 제 몸이 온전히 가려졌는지 알아보려는 듯 몇 번이고 모래를 삼켰다 뱉는다.

때로 그들은 흰 구름이 검은 비구름이 되게 해 달라고 하늘에 빌기도 한다. 사냥도 가지 않고 뿌리와 열매를 거두러 나갈 생각도 않고 하늘에 빈다. 그러다 보면 어머니 여신, 처음 어머니가 사람들의 기도 소리를 듣고 하늘을 어둡게 한다. 그러다가 빛이 일어나 번쩍거리고 하늘로 올라가며 큰 소리를 내면 사람들은 놀라 땅 위에 엎드러지면서 기도를 받아준 어머니 여신에게 감사한다. '아하, 땅의 신이 긴 창을 세

천전리 각석 갈아 새김 기하문 실측도 부분(62쪽 실측도의 5-10, 20-25, 35-40)

워 들고 하늘로 올라가는구나. 하늘의 큰 여신, 어머니의 손짓을 보고 소리 내며 올라가는구나. 땅의 신이 큰 뱀의 모습으로 저렇게 몸을 구불거리며 하늘로 솟구치는구나.' 한다.[17]

조상들이 말하기를 땅의 신이 하늘의 어머니 여신을 만나 하나로 포개지면, 어머니 여신의 아기집이 열린다고 했다. 그 안에서 생명의 씨앗들이 깨어난다고 했다. 땅의 신이 전한 기운으로 씨앗이 부풀고 싹이 난단다. 어머니 여신이 하늘 큰 나무, 거대한 나무가 되어 줄기와 가지에서 새잎을 내고 열매를 맺으며 그 열매가 떨어져 땅으로 내려온다고 했다. 땅 위에 내리는 큰비에 섞인 씨앗이 곧 생명이란다. 비가 내를 이루고, 땅속 깊이 흘러들며 큰 강이 되어 흐를 때, 빗방울 하나, 하나에 담긴 생명이 사람이 심은 씨앗을 움트게 한다고 했다.

가만 생각해 보니 세상에서 살고 죽는 한살이도 씨앗이 움터 자라 줄기가 되고, 큰 나무가 되었다가 늙어 고목이 되는 거와 같다. 그게 사람의 삶 아닌가. 한 사람, 한 사람의 삶이 다 그렇다. 사람이 심는 씨앗에서 나오는 곡식 줄기, 그 끝에서 열리는 이삭이 겪는 한 살이와 조금도 다르지 않다. 숲 언저리에서 작은 짐승 새끼, 내에서 건져 올리는 고둥과 가재, 낚시를 물고 올라오는 물고기의 한살이도 또한 그와 똑같지 않은가.

오래전부터 사람들이 바위에 새기는 게 바로 이런 씨앗과 열매, 번개와 비, 천둥의 울림이라는 생각이 들었다. '그렇구나.' 인규는 바위그림의 비밀을 한 꺼풀 벗긴 것 같다는 느낌을 받았다. 새로운 세대의 사람들이 바위에서 그것을 읽고 기억하게 하려고 힘들여 새기고, 또 새겼을 것이다. 하늘의 어머니 여신, 땅의 신들이 때로는 만나고, 때로는 떨어져 어떤 말을 주고받았는지, 사람들의 기도는 신들의 대화에 어떻게 올랐고 어떻게 응답받았는지 알게 하고 싶었으리라.

다 내려진 커피가 식어가도록 인규는 자리에서 일어나지 않았다. 커피를 내리고 있었다는 사실도 잊은 듯하다. 인규의 손가락들이 빠르게 자판 이곳저곳을 오고 가며 내는 달각거리는 소리가 귓바퀴로 다시 흘러들어 올뿐이다. 인규 외에 아무도 없는 집안에서는 다른 어떤 인기척도 들리지 않는다.

신군이 신성한 바위에 새긴 것은 하늘 어머니 여신이라고 했다. 신군이 말하기를 어머니 여신은 세상의 숨 쉬는 모든 것을 가슴에 안고 있다고 했다. 신군이 조심스레 바위에 뭔가 하나를 새길 때마다, 사람의 몸에 아이가 들어서고 곰과 사슴, 노루의 뱃속에도 새끼가 든단다. 이것이 자라 아기와 새끼로 세상에 나온다는 것이다. 신군이 새긴 바위그림 하나, 하나가 생명이라는 건가. 그것이 하나씩 울음소리와 함께 세상으로 나온다는 건가? 믿어야 할지, 말아야 할지 잘 판단이 가지 않았지만 그렇지 않을 것이라는 생각은 하지 못했다. 그렇다면 정말 신기하고 신비로운 일이다.

신군의 말로 하늘의 어머니 여신이 땅 위 세상의 여러 남신을 낳았단다. 그런 신들은 자신을 뾰족한 검이나 화살촉의 모습으로 바위에서 돋게 한다고 했다.[18] 바위 속에서 생명이 나올 때는 그런 뾰족한 형상을 길로 삼아 밖으로 나온다는 것이다. 때가 와 그 길의 기운이 다하면, 뾰족한 형상은 마른 껍질처럼 세상에 남고 남은 생명은 물처럼 녹아 바위 안으로 깊이 들어간다고 했다. 온갖 생명의 남은 기운도 물처럼 녹아 바위 안으로 들어간다고 했다.

신군의 말씀을 가슴에 새기며 이 골짝의 신성한 큰 바위를 보니, 바위에 새긴 하늘에 깊고 깊은 물웅덩이 속 먹구름을 담고 있는 것처럼 보였다. 땅에서 넓고 넓은 호수 여럿을 가득 채우고 큰 강 열 줄기

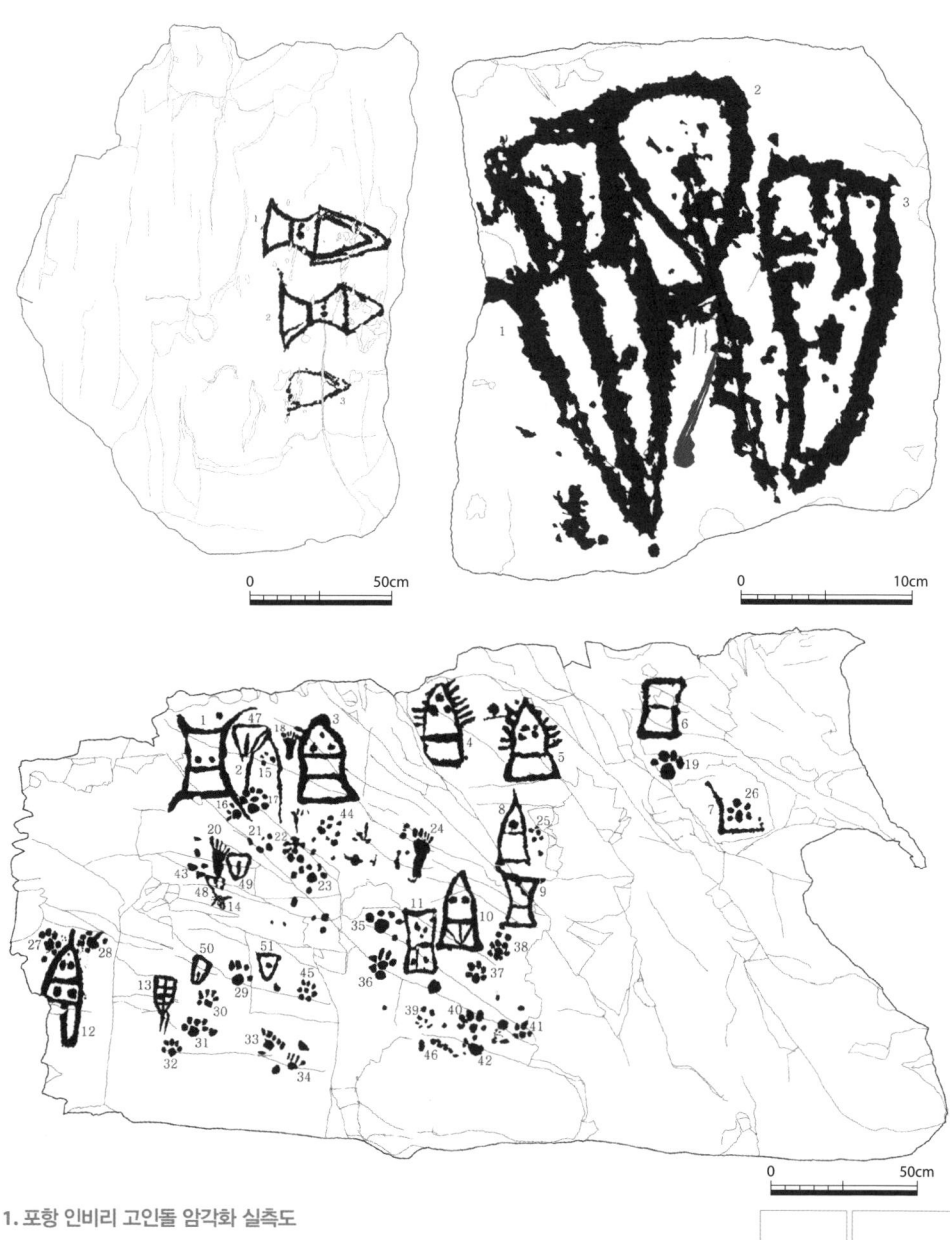

1. 포항 인비리 고인돌 암각화 실측도
2. 밀양 활성동 암각화 실측도
3. 경주 석장동 금장대 바위1-S3 암각화 실측도

를 넘쳐흐르게 할 물이 하늘에 한 줌 먹구름으로 피어 있는 것처럼 보이기도 했다. 이것이 하늘에서 쏟아져 세상에 큰물을 지게 하다니, 신기하기도 하고 두렵기도 했다.

신군이 이 신성한 바위에 하늘 속 하늘, 그 위의 하늘을 새길 때마다 땅에서는 비가 내리고 말랐던 내가 흐르며 샘이 솟는구나. 바위에 새긴 하늘 안에 먹구름이 있고 벼락과 천둥이 있구나. 그러면 땅으로 쏟아진 하늘 물이 내를 이루고 강이 되어 더 낮은 곳으로 내려가 모인 게 바다인가? 그럼 바다는 본래 하늘 물이 모여 이루어진 건가? 바닷물이 벼락을 타고 올라가며 내는 소리가 천둥인가? 하늘 창고나 하늘 호수로 되돌아간 게 바다인가? 먹구름 사이를 흐르던 바닷물이 비가 되어 땅으로 내려온다는 거네. 그럼 왜 비는 바닷물처럼 짜지 않지? 곰곰이 생각하다 보니 여러 가지 의문이 꼬리에 꼬리를 물었다.

아주 오래전 할아버지가 모루에게 해준 이야기도 생각났다. 할아버지의 이야기는 늘 '이건 진짜 일어났던 일이란다.'로 시작되었다. '큰 뱀이 있었어. 집채만큼 컸지. 뱀은 작던, 크던 몸이 잘 식어. 그러면 식은 몸을 데우려고 바위 위에 올라가지. 바위 위 편평한 데 누워 따뜻한 기운을 쐬는 거야. 그러다 몸이 따끈따끈해지면 바위 아래 그늘에서 쉬어. 어떤 땐 그 자리에서 잠들기도 하지. 배만 고프지 않으면 아침까지 자. 집보다 컸던 그 뱀이 바위 위에 오르면 바위가 움푹 팼어. 바위 그늘에 똬리를 틀면 그 무게로 바위 아래 턱진 데가 또 푹 패지. 그 큰 뱀은 땅을 지키는 큰 신이었어. 우리 집 지붕에는 집을 지켜주는 뱀이 있어. 그건 작은 신이지. 큰 뱀은 한 번씩 벼락을 타고 하늘로 올라가 어머니 여신과 만나지. 땅의 큰 뱀이 햇볕을 쐬러 올라갔던 큰 바위가 우리 마을에서 한참 떨어진 골짝에 있어. 그래서 그 바위는 위가 움

푹 패고, 아래쪽 그늘진 데도 넓고 둥글어. 뱀이 똬리 튼 자리가 틀림없어.

　그 바위에는 신령한 기운이 서려 있어. 바위 앞에서 빌면서 가로로, 세로로 금을 그으면 하늘에 있는 어머니 여신이 그걸 기도로 알고 들어줘.[19] 바위에 비를 새기고 비스듬히 갈아내면 하늘로 올라간 큰 뱀 신이 하늘에서 비가 내리게 해. 하늘의 물이 땅으로 쏟아지게 해. 그게 비야. 바위에 동그라미를 새겨 넣으며 빌고 빌면 땅 위에 사는 것들이 새끼를 많이 낳게 돼. 하늘의 어머니 여신이 우리에게 열매도 주고 짐승 새끼도 주지. 아기도 하늘의 어머니 여신이 허락해야 엄마 몸에 들어와. 그러면 아기가 세상에 태어나는 거야. 너도 그렇게 낳았어. 너도 네 어미, 네 아비가 바위에 빌고 빌어 낳았지.'[20]

청동기시대의 신정체제에서 제의용 청동기가 다수 만들어지는 건 당연한 일이다. 그런데 한반도의 청동기시대와 초기 철기시대 무덤에서 제사장이 몸에 두르거나 손에 쥐고 쓸 수 있는 의기(儀器)가 주로 발견되는 것은 어찌 된 일인가? 지금 박물관에서 보는 것처럼 한반도에서는 작고 정교하고 세련된 청동의기만 만들어졌을까? 중국에서처럼 술을 넣고 데우거나 제물을 넣고 끓이는데 쓰는 커다란 청동 그릇들은 만들지 않았을까? 청동이 부족하거나 경제력이 미치지 못해서 만들 엄두를 내지 못한 것인가? 그래서 나무로 만든 제기를 사용했나? 아냐, 데우고 끓이고 다듬어 데친 제물들을 나무 그릇에 담아 제기로 진열했기 때문인지도 몰라. 삼한(三韓) 사람들이 받들던 신이 중국식의 그런 화려한 제의를 원하지도 받아들이지도 않아서일지도 모르지.

　의문만 꼬리를 문다. 답이 없이 떠오르는 의문만 내리 적어 나가던 인규가 눈을 감으며 고개를 들고 한참 그대로 있다. 주변에서는 아무 소리도 들리지 않는다. 아내는 저녁 늦게야 들어올 수 있다고 했다. 저녁은 혼자 먹어야 한다. 이런 날 인규는 끼니를 건너뛴다. 혼자서 먹어야 한다는 생각이 들면 입맛도 없고 식사 준비할 맘도 없어진다. 그런 날은 진한 커피 한 잔이 한 끼다. 혹, 누가 초인종을 울려도 답하지 않는다. 인규가 눈을 뜨고 다시 모니터를 쳐다본다. 모니터 안 깊숙한 곳에 초점을 맞추려는 듯 그의 동공이 고양이의 그것처럼 작아진다.

청동기시대 울산은 강변과 산자락 곳곳이 마을이었다.[21] 산자락에서 강변으로 이어지는 평지는 밭이었고 고랑과 이랑, 물도랑 사이에는 길이 있었다. 마을 뒤 산자락 높은 곳, 숲과 마을 사이 덤불 곳곳에는 덫과 짐승 함정이 있었다. 가끔 구덩이에 빠진 노루와 멧돼지가 꺼내 달라고 울부짖는 소리가 밭에서 돌아오던 사람들의 귀에 들어오기도 했다.

울산은 청동기시대 동북아시아의 큰 도시 가운데 하나였다. 사람만 백을 헤아리는 큰 마을도 여럿 있었고 언덕과 언덕 사이에 밭을 일구어 농사를 짓는 곳도 많았다. 태화강에서 대곡천으로 이어지는 강변 길의 마을 사람들은 사슴을 비롯해 여러 종류의 짐승들이 새겨진, 커다랗고 기이한 느낌을 주는 바위가 있다는 사실을 잘 알고 있었다. 골짝 한가운데 물길이 돌아가는 자리에 있는, 칼로 자른 듯 편평하고 넓은 바위에는 점 찍듯이 쪼아 새긴 짐승들이 가득했다. 신비스러운 기운이 가득한 그 바위에 청동기 마을의 사람들도 뭔가를 새겨 넣었다. 아주 오랜 옛날 새겨 이미 희미해지고 있던 짐승 형상 위에 과감히 겹마름모와 동심원, 사람의 얼굴 같은 것을 깊고 뚜렷하게 새겼다.

청동기시대 강변 마을 사람들이 천전리의 큰 바위에 깊게 쪼고 갈아 새겨낸 기하문은 86점을 헤아린다. 여기에 인물상과 짐승의 모습, 정체불명의 표현까지 합하면 깊게 쪼고 갈아낸 작품은 큰 바위에 새긴 것만 헤아려도 모두 135점이다. 보는 이의 눈에 인상적으로 들어오는 마름모 중심의 무늬가 42점, 동그라미 형태의 무늬가 29점이며, 물결을 이룬 무늬도 10여 점에 이른다.

사람들은 이렇게 상상한다. '저들은 바위에 선을 새기고 그것을 깊게 갈았다. 동그라미, 마름모, 정해지지 않은 형태의 무늬들. 작은 것 위에 큰 것, 그 위에 더 큰 것을 새겼다. 새긴 것을 좌우로 잇고 위아래로 이었으며, 서로 섞기도 했다. 굵고 깊게 갈아 만든 새 무늬들이 오래전 새겨진 짐승들을 덮었다. 짐승들은 무늬 아래로 사라지기도 하고 다리와 머리, 꼬리 같이 몸의 한 부분만 남기도 했다. 이제는 어디서 보아도 바위에 새긴 무늬 외에는 눈에 띄는 게 없을 정도가 되었다. 바위가 아예 달라졌다!'

어느 마을에서 이 일을 했을까? 누가 했을까? 언제부터 언제까지 했을까? 아무도 모른다. 사실 청동기시대라 해도 어느 시기의 것인지조차 모른다. 어쩌면 청동기시대 앞이나 뒤에 새겨진 것일 수도 있다. 그러나 백여 곳을 훌쩍 넘어선 울산의 청동기시대 마을 터에는 이 바위의 기하문과 같거나 비슷한 무늬가 남아 있지 않다. 청동기시대 강변의 마을 여러 곳에서 나온 검과 거울, 작은 조각, 장신구, 돌로 만든 도구들에 천전리 글바위에 새겨진 것과 같은 기하문은 보이지 않는다. 청동기시대 마을에서는 다른 지역에서도 보이는 무늬 없는 토기만 나왔다. 어쩌다 남겨진 청동 무기와 도구들에도 별다른 무늬가 남아 있지 않다.

천전리 글바위에 보이는 동그라미와 마름모, 정해지지 않은 형태의 무늬들은 구석기시대 동유럽이나 중근동 유적에서 출토된 뼈와 돌

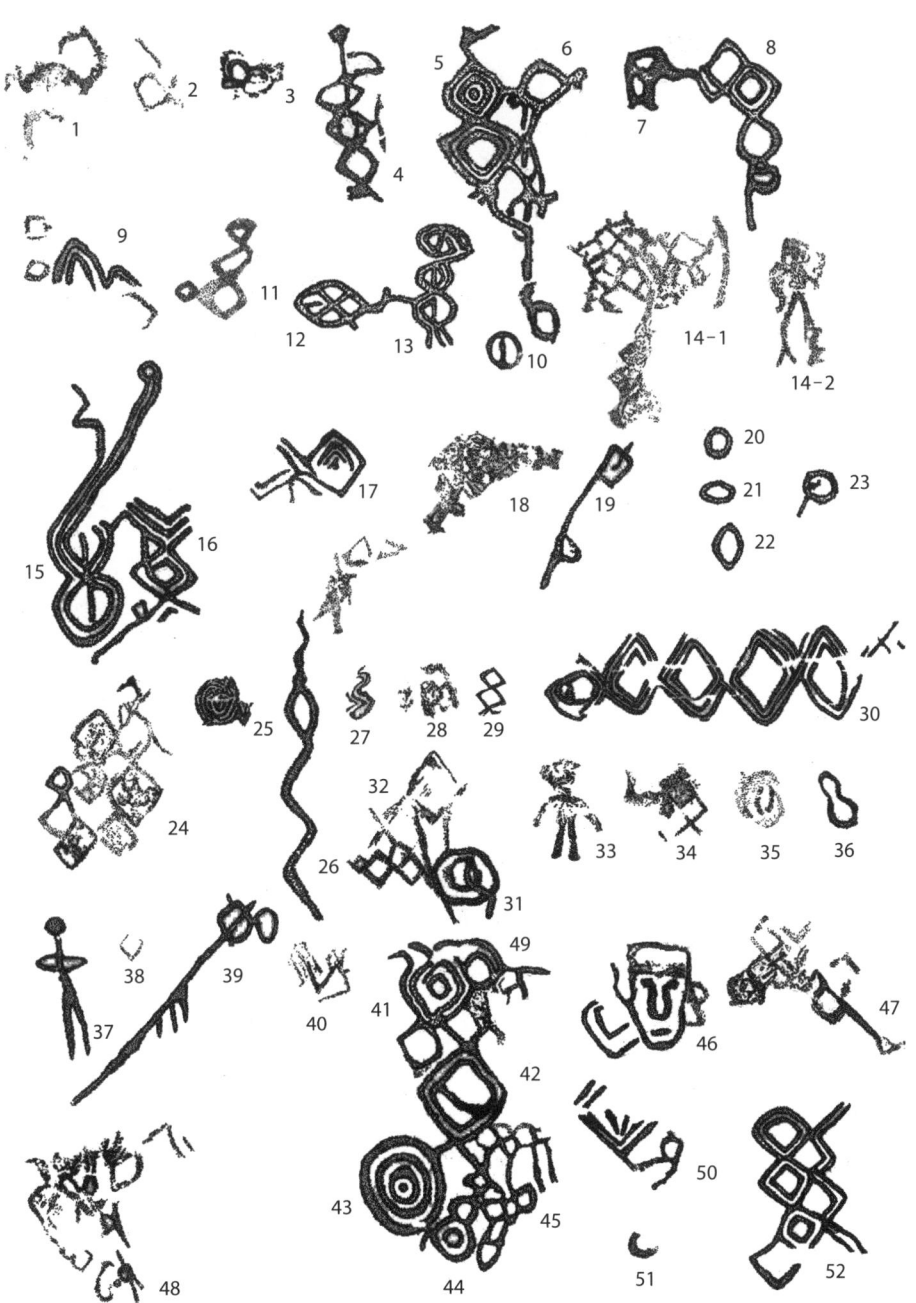

천전리 각석 갈아 새김 기하문 개별 형상

천전리 각석 갈아 새김 기하문 개별 형상

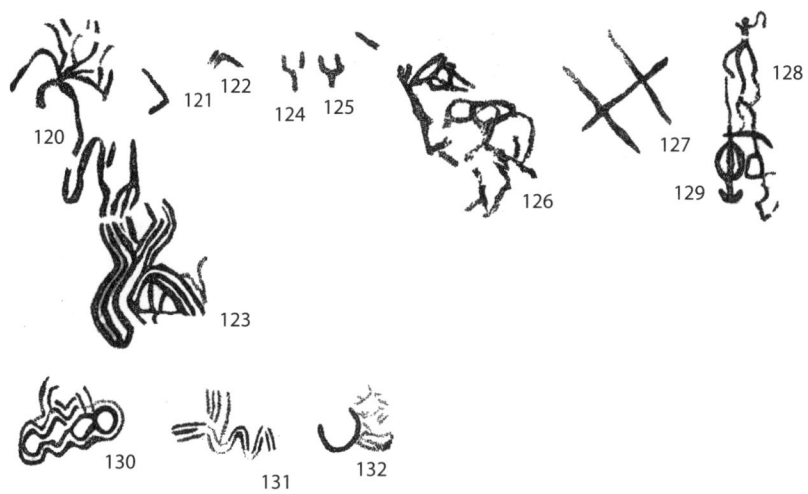

천전리 각석 갈아 새김 기하문 개별 형상

로 만든 유물에도 있다. 비슷한 무늬가 오래된 구석기시대 동굴 벽화에도 있다. 신석기시대가 한참 흐른 뒤 농사를 시작한 사람들에게 동그라미는 하늘이었고, 세모는 구름이거나 여신의 아기집이었다. 세모나 반원 안에 빗금이 있으면 비구름이고, 없으면 여신이 생명의 씨앗을 간직하던 그릇이었다.[22] 두 개의 세모를 맞대어 만들어지는 마름모는 하늘의 구름이거나 땅에 만들어진 밭, 땅을 관장하는 땅의 신으로 여겨졌다. 농사로 먹을거리를 마련하려던 사람들에게는 비를 머금은 구름이 중요했다. 땅을 고르고 갈아서 만든 밭에 씨앗을 뿌린 뒤, 사람들이 수시로 하늘을 쳐다본 것은 땅속의 씨앗을 싹 트게 하는 비구름이 언제 나타나는지 알고 싶어서였다. 땅을 갈라 터지게 하는 해에 눈을 돌리는 사람은 없었다.

무언가를 여러 번 겹이 지게 하거나 같은 형상의 것을 여럿 잇는다면 그건 '강조'한다는 뜻이다. 겹마름모는 씨를 뿌리고 곡식을 거둘 때 신이 관여해 달라는 기원을 나타낸 것일 수 있다. 청동기시대 농경

사회에서 바위에 겹마름모를 새겨 넣으면서 신에게 빌었던 의례의 결과일 수 있는 것이다.

신석기시대의 서아시아와 유럽, 중국에서 고리 모양의 원은 하늘이기도 하고, 구름이기도 했다. 지금도 중국을 비롯한 동아시아에서 하늘은 둥글다고 생각하고 실제로 둥글게 그린다. 신석기시대 사람들에게 비구름을 안고 있는 하늘은 씨앗을 싹 트게 하는 비를 내린다는 점에서 주요한 신앙 대상이었다. 그러나 청동기시대에 원은 하늘이 아니라 여신으로 인식되고 여신의 음문을 나타내는 기호로 여겨졌다. 어떤 지역에서는 원이 해를 나타내는 기호로 쓰이기도 했다.[23] 청동기시대에는 동심원의 의미도 달라진다. 높고 높은 하늘, 높이가 다른 여러 층으로 인식되던 하늘이 아니라 하늘에 사는 여신의 세상을 나타내는 것으로 인식되기도 했다.

청동기시대에는 동심원이나 고리 모양의 원을 수직선으로 둘로 나누고 남신과 여신의 성교(性交)로 이해했다. 하늘에서 내리는 비가 여신과 남신의 성적 결합 때문이라 생각하고 그것을 기원하는 뜻으로 둘로 나뉜 동심원이나 둥근 고리를 그리는 일이 많았다. 연속 마름모무늬를 나눈 듯이 보이는 겹선 물결무늬나 길게 구불거리며 뻗어 나가게 그은 선은 비로 이해되었다. 충분히 많이 내린 비를 뜻하기도 했다. 뱀처럼 보이는 뻗어 오르는 선은 하늘에서 번쩍거리는 번개를 나타내거나 번개와 함께 내리는 비로 여겨졌다. 신석기시대의 작품인지, 청동기시대에 제작된 것인지는 확실치 않지만, 천전리 글바위의 기하문이 농경사회와 관련 있음은 확실하다.

인규가 연구보고서에 실린 실측도면에 다시 눈길을 주면서 고개를 주억거린다. '그렇군. 이 겹마름모들도 남유럽이나 흑해와 카스피해 사이

카프카스산맥 일대의 유적, 유물에서 발견되는 것과 같은 의미를 지녔을 수도 있겠군. 사람의 생각이란 게 비슷하니까 말이야. 하늘은 둥글고, 땅은 네모지다는 관념도 상당히 보편적이지. 그럼 이 마름모나 둥근 고리, 물결무늬 같은 것도 비슷한 인식의 표현일 수도 있겠어. 뱀이 어디서나 재생이니, 영생이니 하는 개념의 상징이 되는 것도 그런 거지. 어쩌면 청동기시대에도 새로우면서도 비슷한 이미지 해석이 널리 퍼졌을지도 모르겠군. 동아시아나 서아시아에서 별다른 차이를 보이지 않았을 수 있겠어.'

어디선가 나타난 새 사람들이 청동기시대를 열자 세모, 네모, 마름모, 동그라미, 빗금 친 것, 비워 둔 것의 의미가 달라졌다. 이 땅에 모습을 드러낸 새로운 사람들은 어머니 여신이 하늘에 있지 않고 땅에 있다고 했다. 번개를 타고 땅에서 하늘로 올라간 남신이 실제로는 처음부터 하늘을 집으로 삼았던 하늘의 주인이라고 했다. 청동기를 가져온 사람들은 하늘과 땅을 보는 눈을 바꾸고, 하늘과 땅의 주인도 엇바꾸어 버렸다.

울산 대곡천 천전리 글바위의 기하문은 누가 새겨 넣었을까? 짐승들의 그림을 무늬로 덮어 버린 사람들은 누구일까? 천전리 글바위 기하문에는 이전과는 다른 신앙과 해석이 담겨 있다. 세상의 구조, 사람과 하늘, 사람과 사람 사이의 관계, 땅과 하늘 사이의 질서를 새롭게 정의하고 알리려는 사람들이 천전리 바위에 기하문을 새겨 넣은 게 확실하다. 신석기시대 늦은 시기에 시작된 농사 짓기는 새 시대를 여는 문이었다. 새로운 시도, 이로 말미암은 경험이 상징적 기호를 더 많이 생각하고 더 자주 표현하게 했다.

천전리 각석 갈아 새김 암각문

천전리 글바위의 기하문은 신석기시대에 처음으로 농사를 시작한 사람들이 남겼을까? 청동기시대에 농사를 아예 생업으로 삼던 사람들이 남겼을까? 세계 여러 지역의 신석기시대 사람들에게 동그라미는 하늘이고 네모는 땅이었다. 천전리 글바위의 마름모와 동그라미는 무슨 뜻을 담은 표현일까? 비를 머금은 구름, 밭에 심은 씨앗, 비와 씨앗의 만남을 희구하는 농사꾼들의 소망이 그런 형상을 새겨 남기게 했을까? 여전히 진실은 안개 속에 숨어 있다. 짐승 그림 위에 깊고 굵게 갈아 새긴 기하문이 이전 시대를 덮는 새로운 경험과 관념의 표현이라는 사실이 수수께끼를 풀어보려는 사람들을 위한 첫걸음일 뿐이다.

한국 청동기시대의 표지적 유물인 청동거울(동경, 銅鏡) 뒷면의 기하문과 선문을 보면 이것이 천전리 글바위 기하문의 의미와 기능을 이해하는 데 좋은 길잡이가 될 수도 있음을 알 수 있다. 거친무늬 거울(조문경, 粗紋鏡)이나 잔무늬거울(세문경, 細紋鏡) 모두에 삼각선문, 빗살문이 있고 때로 동심원문도 있다. 지역에 따라 삼각문은 비구름, 여신의 음문으로 인식된다. 빗살문은 보통 비가 내리는 모습을 묘사한 것으로 이해된다. 이런 사실을 고려하면 청동거울의 장식문도 바위그림의 기하문과 같은 의미, 기능을 지녔다고 볼 수 있다.

한국 청동기시대 각종 청동의기(靑銅儀器)의 장식문이 청동거울의 그것과 크게 다르지 않다는 사실을 고려하면 천전리 글바위의 기하문이 한국 청동기시대 농경사회에서 사용하던 의사소통 수단의 하나라는 해석도 가능해진다.[24] 큰 바위의 기하문을 사회 구성이 복잡해지고 관념적인 인식과 표현의 필요성이 증대되면서 자연스레 나타난 상징 기호의 일부로도 볼 수 있는 것이다. 기하문 사이에 단순화된 형태로 표현된 물고기 역시 이것이 상징 기호로 표현되고 읽혔다는 증거라

함평 초포리 출토 동경 뒷면

대전 괴정동 출토 청동 의기

전 월성 죽동리 출토 청동 간두령

고 할 수 있다. 기하문과 같은 기법으로 새겨진 사람의 얼굴은 아마도 신앙의 대상이었을 것이다.

"가만 야요이시대라고 했던가? 그럼 청동기시대인데,~"
인규가 스스로도 좀 생뚱맞다고 느끼며 갑작스레 자판 두드리기를 그만두고 책상 위에 어지러이 널브러진 것들을 뒤지기 시작한다.

"이거였지?"

1박 2일 행사였던 선사미술연구회의 워크숍 팸플릿이다. 그러고 보니 주제가 '한국의 암각화와 일본의 선각화'다. 한국 삼한시대의 청동기시대 사람과 초기 철기시대 사람들, 일본의 조몬시대 신석기 토기, 야요이시대의 청동제 의기 같은 어구들이 초대 글 안에 섞여 있다.

"가볼 걸 그랬나?"

바쁘다며 가지 않은 걸 후회하는 마음이 고개를 쳐든다. 순간, 현관문이 열리는 소리가 들린다.

"어, 여보, 당신 웬일로 이렇게 일찍 들어와?"

인규가 놀란 토끼 눈으로 안으로 들어서는 아내와 눈을 마주친다. 수경이 신발을 벗으며 특유의 미소로 답하며 덧붙인다.

"당신 보고 싶어서, 같이 주말 산책도 하고…."

아내와 밤 산책을 마치고 나니 새삼 머리가 맑아지고 기운도 새로워졌다고 할까? 다시 책상 앞에 앉았지만, 인규는 오랜 시간 컴퓨터 앞을 떠나지 않았다. 인규가 자판 두드리기를 잠시 그치고 크게 기지개를 켜며 심호흡을 한다. 생각해 보니 정말 무서웠을 것 같다. 청동제 의기의 권위로 세상을 다스리던 야요이인들 앞에 철제 갑옷과 투구 차림으로 나타난 고훈인[고훈시대 사람]들은 하늘에서 내려온 신이나 다름없었을 것이다. 오죽했으면 어지간한 크기의 시골 마을 수십 개만 한 무덤 만드는 일에 내몰려도 다들 군말 없이 나섰겠는가. 500m 길이의 무덤과 둘레 물길을 만드는 데에 얼마나 큰 비용과 인력이 들었겠는가? 고훈시대에 규슈와 혼슈 서부에 만들어진 100~500m 길이의 열쇠 구멍 모양의 전방후원분(前方後圓墳)만 수백 개였다.[25]

삼한시대 청동기사회 지배자들은 제사장도 겸했다고 한다. 그들은 자신을 신이라고 했을까? 신의 아들이라고 했을까? 야요이시대 일본에서는 지배자들의 무덤에 커다란 동탁(銅鐸)을 수십 개씩 묻었다. 삼한의 것보다 정교하지는 않아도 크기로 보면 수십 배 큰 것도 있다. 그들의 기술로 만든 것이다. 무늬가 뭉그러진 동탁은 무덤에 묻기 위해 만든 것이라고 한다. 하지만 본래는 '소리'로 신과 만나는 데 썼다. 청동기 사회의 청동기인들과 만나던 신은 수십 명이 외치는 소리에는 반응을 보이지 않아도 동탁을 흔들어 내는 소리에는 답을 했나 보다. 어떤 소리였을까? 투명하고 맑은 소리? 아니면 높고 무거운 소리?

야요이시대 일본에서는 암각화가 만들어지지 않았다. 대신 야요이인들은 그들의 의지, 관념, 믿음을 동탁의 선각문이나 토기의 장식문으로 남겼다. 흥미롭게도 이런 동탁이나 토기에 덧그려진 그림과 기호 가운데 어떤 것은 천전리 글바위의 기하문과 닮았다. 또 어떤 것들은 기법으로 볼 때, 천전리 글바위 아래쪽에 새겨진 역사시대 세선각화의 말이며 배와 비슷하다. 신석기시대에서 청동기시대로의 전환기에 한반도에서 일본열도로 건너간 사람들이 이런 청동제 도구와 장식문을 남긴 것일까?

동탁을 비롯한 청동제 의기의 장식문은 일본에서 청동기시대를 연 야요이인들이 신석기시대 사람들인 조몬인과는 다른 관념이나 의식을 지녔음을 알게 한다. 야요이 사람들은 배를 타고 바다를 건너온 사람들이라고 한다. 이들은 조몬인들을 평지에서 산지로, 따뜻한 곳에서 찬 곳으로 쫓아버렸다. 새롭게 일본열도에 나타난 이 사람들 가운데 일부는 오래전부터 이곳에 터를 잡고 살던 옛사람들과 섞여 살았을지 모른다. 그러나 생김새며 말, 생각이 다른 두 세계의 사람이 한 마을에 어우러져 살기에는 '다른 부분'이 너무 많았을 수 있다.

　일본에서 야요이시대가 열리자 신석기시대 사람들이 만들어 쓰던 조몬 토기는 사라졌다. 몸에 기이한 무늬로 문신을 하고, 얼굴에 채색 안료로 독특한 무늬를 그려 넣던 조몬 문화도 원시림 깊숙한 곳으로 쫓겨 들어갔다. 자연에 순응하며 살던 신석기시대 사람들의 옛 마을이 개척과 규율에 익숙한 사람들의 새 마을로 바뀌었다.

　야요이 사람들이 가지고 온 금속제 무기는 푸르게 빛났고 의기는 세련되고 화려했다. 이들의 몸집은 크지 않았지만 단단했고 눈은 작아도 매섭게 빛났다. 야요이 사람들은 방어력이 뛰어난 성채(城砦)를 만들 줄 알았다. 열을 지어 빠르게 움직이기도 했다. 이들은 불을 다루는 기술이 빼어나 더 단단한 토기를 구워냈다. 이들이 만든 토기는 두드리면 맑은 소리가 났다. 조몬 사람들의 눈에 비친 야요이 사람들은 바다 너머에 있다는 하늘의 입구로부터 나온 자들이었다. 신이었다.!

　삼한의 남쪽 바다에서 배를 타고 열도로 건너온 청동기시대 사람들은 새 개척지가 구리와 주석, 유황이 풍부한 땅임을 알고 기뻐했다. 불과 연기를 토하는 화산으로 둘러싸였지만, 대신 검고 기름진 흙이 가득한 땅이었다. 이 새 땅에서 삼한의 청동기 장인들은 서로를 쳐다보며 이렇게 말했을 것이다. '이제는 긴 창을 실컷 만들 수 있겠어. 방울도 거울도 큰 것으로 찍어 낼 수 있겠군!' 야요이 장인들이 만들어 낸 긴 꺾쇠 창, 넓은 날의 극(戟)을 본 조몬 사람들은 새로 이 땅을 찾은 사람들에게 감히 맞설 엄두를 내지 못했다. 많은 조몬 사람들이 자신들이 살던 마을을 버리고 주변에 남아 있던 태고의 숲으로 들어갔다. 어떤 이들은 아예 열도의 멀고 깊은 곳으로 달아났다.

　일본에서 야요이시대를 연 사람들은 무엇이든지 크게 만들었다. 무기도, 의기도 크게 만들었다. 정교한 기술이 더해져도 많이 만들기

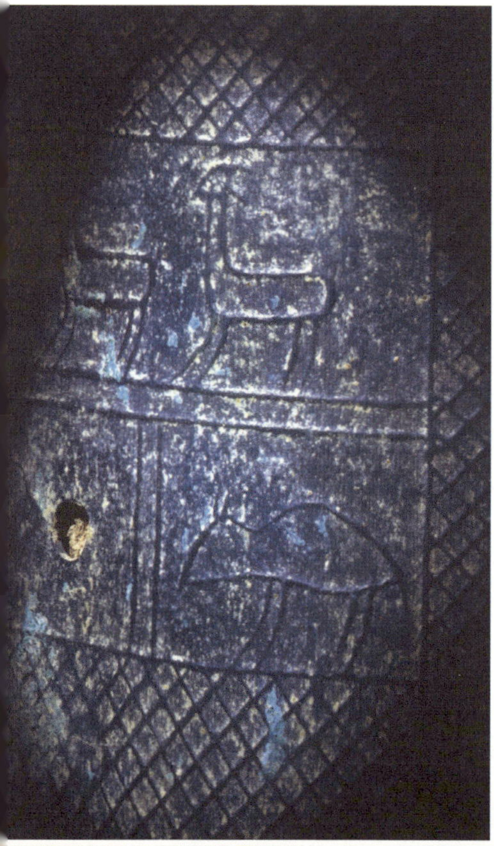
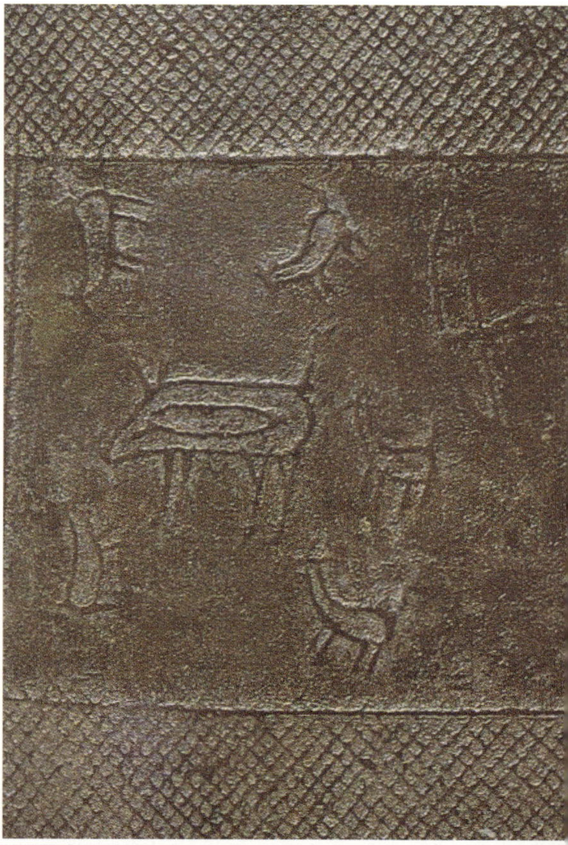
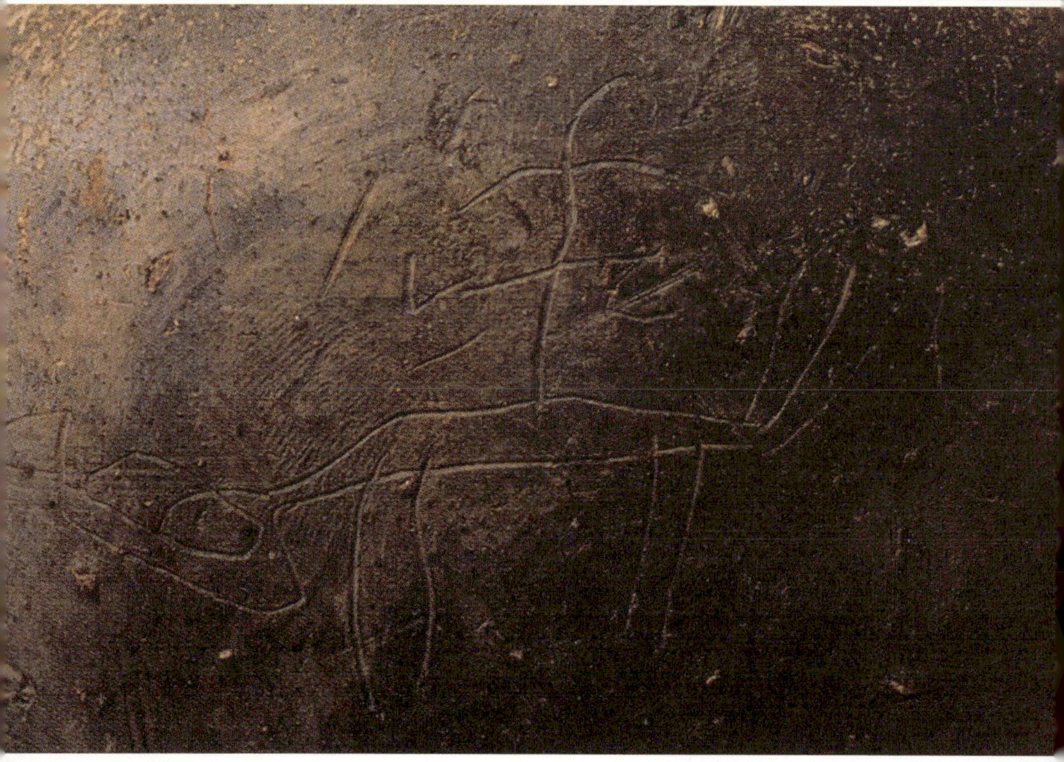

어려운 방울과 거울 대신 크게 여러 번 찍어 낼 수 있는 동탁을 만들었다. 동탁을 길게 한 줄로 걸어 소리를 내면 날카롭고 긴 울림이 숲 깊이 파고들었다. 야요이 사람들은 큰 돌로 죽은 자의 집을 지었고 돌관 둘레에는 수십 개의 동탁을 묻었다. 조몬 사람들 가운데 바다를 건너온 사람들을 신으로 받들겠다고 맹세한 자들은 마을에 남아 살 수 있었다. 어떤 이유로든 살던 곳을 떠날 수 없었던 자들은 조몬인이 아닌 야요이 사람이 되었다. 삼한의 청동기인들을 위한 신사(神祠)가 예전 조몬 사람들이 살던 마을, 이제는 야요이 사람들이 살게 된 마을마다 세워졌다. 야요이 세계가 점점 더 넓어지자 새로 생긴 신사들도 그만큼 많아졌다.

청동기에서 철기로 사용 도구가 달라질 때, 한반도의 삼한사회에서 무슨 일이 있었는지는 미지로 남겨진 부분이 많다. 한국의 삼한시대를 모태로 삼국시대가 열릴 때의 모습이 일본에서 청동기 중심의 야요이시대가 끝나고 철기로 무장한 전사들이 활약하던 고훈시대가 시작되는 과정과 비슷했을까? 알 수 없는 일이다. 고구려, 백제, 신라와 가야, 부여를 세운 사람들은 서로 다른 시기에 다른 모습으로 만주와 한반도의 각 지역에 등장했다. 그러나 일본의 고훈시대는 아예 바다 건너에서 온 새로운 사람들에 의해 시작되었다. 한국과 일본의 기존 사회가 받은 충격의 깊이와 너비는 서로 다를 수밖에 없다.

청동기시대를 꾸려가던 야요이 사람들도 철기로 무장한 고훈시대 전사들이 모습을 드러내자 말할 수 없는 두려움과 혼란에 빠졌을 것이다. 고훈시대를 연 새로운 문화의 물결이 야요이 사람들이 꾸려오던 사회를 바닥부터 뒤집기 시작했기 때문이다. 야요이 사람들의 조상

1. 일본 시마네현(島根縣) 가무암창(加茂岩倉)35호분 출토 동탁(銅鐸) 동물문
2. 일본 전(傳) 가가와현(香川縣) 출토 동탁(銅鐸) 수렵문
3. 일본 후쿠오카현(福岡縣) 암장포(岩長浦)W1호분 출토 스에키(須惠器) 기마인물문

이 배를 타고 나타났듯이 고훈인들도 큰 배를 타고 해안에 도착했다. 아무도 그들 앞을 막아서지 못했다.

커다란 돛을 단 배에서 내린 고훈인들은 쇠로 만든 갑옷과 투구를 걸치고 있었다. 야요이 사람들의 눈에 고훈 사람들은 움직이는 쇳덩어리나 비슷했다. 그들은 날카롭고 긴 창을 세워 든 채 줄지어 배에서 내렸다. 그들의 우두머리가 내리기 전에 말이라는 짐승이 먼저 내려졌다. 말 몸에도 갑옷이 덮여 있었다. 사람처럼 머리에도 투구가 씌워진 상태였다. 마지막으로 얼굴에 무서운 형상의 가면을 쓴 우두머리가 배에서 내렸다. 그의 갑옷은 반짝였고 투구 양쪽에는 날카로운 쇠가 붙어 있었다. 그가 선 자리에서는 얼음처럼 찬 기운이 사방으로 뻗어 나왔다. 먼저 내린 자들도 그 앞에서는 조그만 얼음 전사에 불과했다.

사람 크기의 거대한 동탁을 자랑하던 야요이인들과 달리 고훈 사람들은 어떤 물건도 자랑스레 내밀지 않았다. 그들은 쇠로 만든 갑옷과 쇠로 만든 투구를 절그럭거리며 긴 창을 세워 들고 줄을 지어 앞으로 나갈 뿐이었다. 쇠로 만든 저들의 무기는 반짝거리지도 않았고 묵직한 느낌을 주지도 않았다. 그러나 야요이 사람들이 자랑하던 청동제 무기로는 맞설 수 없는 단단한 것들이었다. 저들이 휘두르는 잘 벼린 칼날과 창날이 청동제 무기로 무장한 전사들의 눈을 부시게 했다. 싸움은 몇 차례뿐이었다. 야요이 사람들은 그 옛날 조몬인들이 그랬던 것처럼 북쪽의 큰 숲으로 쫓겨나는 게 두려웠다. 야요이 사람들은 기꺼이 고훈인들을 새 지배자로 받아들였다.

사실 고훈인들을 처음 불러들인 건 일부 야요이 사람들이었다. 몇몇 야요이 사람들이 바다를 건너 조상의 땅, 조상의 나라로 가 쇠를 다루던 고훈인들에게 쇠로 만든 무기와 쇠로 만든 도구들을 얻어 열도로 돌아왔다. 바닷가에 살던 일부 야요이 사람들만 조상의 땅으로 가는 바닷길을 제대로 알았고, 조상의 나라에 발을 디딜 수 있었다. 금은으로 가득한 나라, 신들의 고향 이야기를 열도에 퍼뜨린 것도 이 사람들이었다. 야요이 사람들 사이에 조상의 땅에서 귀한 물건들을 얻어 와 큰 부자가 되거나 큰 섬의 북쪽으로 나가 큰 나라를 세운 사람들 이야기가 돌기 시작했다. 그러자 너도, 나도 조상들의 땅과 일본열도 사이의 바다를 건너려고 달려들었다.

　마침내 야요이 사회의 많은 사람이 큰 무리를 이루어 수십 척의 배를 타고 바다를 건넜다. 그들은 창과 칼, 방패로 무장하고 배에 오르며 여차하면 조상의 나라에 저들이 머물 곳을 만들어 낼 수도 있다고 생각했다. 그러나 배도, 사람도 잃은 채 그들 가운데 몇몇만 열도의 고향으로 되돌아왔다. 그것으로 끝난 게 아니었다. 간신히 돌아온 사람들의 뒤를 쫓아 조상 나라의 사람들이 왔다. 그들은 야요이 사람들이 이전에는 본 적 없는 큰 배를 타고 왔다. 그 배 안에는 머리부터 발끝까지 쇠와 가죽으로 덮은 건장한 사내들이 가득 타고 있었다.

　이후 이런 배들이 잇달아 일본열도 곳곳에 닿았고, 배 안에 있던 사람들은 말이라는 크고 힘세며 빠른 짐승을 타고 마을과 마을 사이를 돌아다녔다. 그들은 맞서는 것은 무엇이든 불태우고 죽였다. 야요이 사람들의 세계는 이들에 의해 한순간에 무너져내리고 말았다.

인규의 머릿속에 도쿄국립박물관에서 무리 지어 전시된 하니와(埴輪)를 보며 하루를 보냈던 몇 년 전 일이 떠오른다. 상당히 어설프게 만든 하니와로는 고훈시대의 분위기가 실감이 나지 않았다. 사실 그보다 앞서 길이만 500m 가깝다는 오사카의 다이센고분에 답사갔을 때도 그저 거대하다는 느낌을 받았을 뿐이었다. 진흙으로 빚어 낮은 온도로 구운 토기, 나무가 우거진 산과 같은 고분이 서로 잘 이어지지 않았다. 이후 경주박물관에서 열린 고훈전 전시를 보며 머릿속으로나마 천여 개가 넘는 하니와로 둘러싸인 거대한 전방후원분이 상상되었다.

순장시키던 사람을 대신한 것이라는 하니와는 단순한 외형 때문에 오히려 비현실적으로 느껴진다. 시공을 뛰어넘어 하니와 시대, 전방후원분시대, 고훈시대를 가상현실로 만들어 낸다면 다르게 느껴질까? 말을 타고 달리던 갑주무사들이 그들과 맞서려던 소박한 무장 상태의 병사들에게는 소총으로 무장한 병사들을 향해 달려들던 현대전 초기의 탱크처럼 보였을지 모른다. 그리스신화의 켄타우로스는 반은 사람이고 반은 말이다. 말과 사람이 하나인 상태로 달려가며 긴 창을 휘두른다면 누가 감히 막아서겠는가? 아마 싸움을 독려하는 장교들이 뒤에서 창칼을 휘두르며 열을 지어 앞으로 나가라고 해도 병사들이 시키는 대로 했을 리 만무하다. 얼어붙은 듯 그 자리에 서 있다가 몸을 돌려 달아나지 않았을까?

그리고 보니 하니와 가운데 말이나 갑주무사의 모습으로 빚은 것에는 고훈시대의 일본인들이 겪었던 두려움이 어려 있는 것 같기도 했다.[26] 아마 하니와 장인은 몸서리나는 경험담에 공감하며 말과 갑주무사 하니와를 빚고 구워냈을지도 모른다. 이런 무서운 사람들을 태우고 온 커다란 배, 배 난간에 걸려 있던 방패와 화살통, 전사들의 갑옷과 투구에 장식되었던 괴이한 무늬, 얼음으로 씌운 것 같은 차가운 얼굴, 표정을 감춘 가면. 전사 하니와로 가득한 마을의 공방 둘레를 감싼 음울한 기운.

가마에서 구워낸 커다란 하니와들은 고훈시대 왕과 귀족을 지키라는 명을 받고 거대한 고분에 열을 지어 세워진 뒤 흙에 덮였을 것이다. 무덤을 지키며 살게 된 둘레 마을 사람들은 어느 날 흙 속에서 전사 하니와들이 튀어나와 달려드는 일이 없기만을 바랐으리라. 절기마다 고분 앞에 성대한 제사상을 차리고 절을 올리며 죽은 자에게 충성했을 것이다.

일본열도의 야요이인이나 고훈인 모두 바다를 건너온 사람들이다.

바다 너머 신의 나라에서 온 자들이다. 감히 마주할 수 없는 무서운 힘을 지닌 채 하늘 문을 열고 나온 신들이다. 야요이 사람들은 한때 자기들의 조상이 나온 그 나라에 되돌아가려 했다. 그곳에서 나오는 새로운 것들을 받아 자신들의 지위를 높이고 위세를 뽐내는 데 만족하지 못했다. 후대의 야요이 사람들은 바다 양쪽에 삶터를 지니고 있으려 했다. 몇몇 사람이 처음 되돌아갔을 때는 그것이 가능한 것처럼 보였을 것이다. 바다 건너 저편도 이편처럼 지낼 수 있는 곳 같이 느껴졌을 것이다. 용기와 힘만으로도 버틸 만한 곳처럼 보였으리라.

그러나 바다 건너 조상의 나라 안쪽 깊은 곳에 정말 무서운 자들이 있다는 사실을 그들은 알지 못했다. 무한한 힘, 대적할 수 없는 강한 기운을 지닌 자들이 쏟아져 나올 수 있다는 사실을 내다보지 못했다. 조상 때부터 전해 들었던 하늘 문 저편의 신들이 실제로 있음을 알았을 때는 이미 모든 것이 끝장난 뒤였다.

중국 서안의 진시황릉이야 중원을 통일한 제국의 힘으로 지었다 할 수 있어도 일본 고훈시대에는 진이 멸망시킨 7 제후국의 어느 한 나라와도 비교될 만한 세력이 없었다. 그런데도 일본의 고훈시대에는 거대한 제국의 행정력으로 밀고 나가도 만만치 않을 대토목공사가 여기저기서 수시로 일어났다. 때마다 불려 나갔을 백성들의 고충이 어느 정도였을지 제대로 상상하기도 어렵다.

인규는 자신의 경험, 객관적으로 밝혀진 역사적 사실, 나름 야요이인들과 고훈인들의 시대를 상상한 서사록을 섞어 쓰면서 자신이 이야기 속으로 걸어 들어가는 듯한 느낌을 받았다. 재미있기도 하고 그럴듯하다는 생각도 들었다. 사실 일본 고대사에 대해서는 별로 아는 게 없다. 새삼스럽게 선사시대 암각화니 뭐니 하며 영남 일대 청동기 유적을 몇 차례 좇아다니다가 자연스레 일본의 고대에 관심이 가닿았을 뿐이다. 이 이야

1. 일본 나라현(奈良縣) 평정(坪井)유적 출토 토기편의 조의사제문 (鳥衣司祭紋)
2. 일본 오사카부(大阪府) 고정전횡혈군(高井田橫穴群) 중2-3호 횡혈(橫穴)의 선각(線刻) 기마상(騎馬像)
3. 일본 오사카부(大阪府) 고정전횡혈군(高井田橫穴群) 중2-12호 횡혈(橫穴) 연도(羨道) 우벽(右壁) 선각(線刻) 범선(帆船)
4. 무사 형상 하니와(도쿄국립박물관)
5. 무사 형상 하니와(도쿄국립박물관)
6. 말 모양 하니와(도쿄국립박물관)

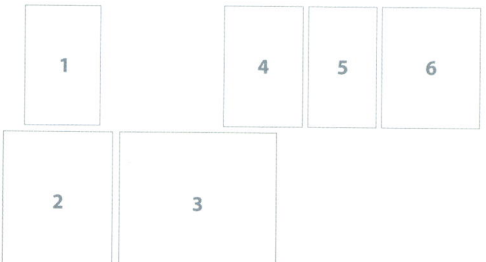

기를 제대로 한 꼭지 만들어 볼까 고민하다가 주저한 것도 평소 제가 마음과 힘을 쏟던 일이 아니어서이다. 메모는 쌓이고 있었지만, 딱히 하고 싶은 마음이 생기지도 않았다. 그런데 잠깐 사이에 글 한 꼭지를 쓴 것이다. 자판 두드리기를 멈춘 인규의 눈이 탁자 한쪽에 쌓아 둔 일본의 특별전 도록 더미로 향한다.

'그런데, 왜 일본에서는 한국식 암각화가 발견되지 않지? 문화 현상은 비슷한데, 천전리 글바위 기하문이나 세선각화, 경주 금장대의 검파문이며 석검문 같은 것이 바위에 새겨지지 않은 까닭이 뭘까? 생각해 보니 그것도 미스터리라면 미스터리네?' 인규가 컴퓨터를 끄고 책상 앞에서 일어난다. "(덕수가) 전화할 때가 되었는데, 웬일로 일주일이나 조용하지?"

선으로만 남은 기억, 누가 언제 왔는가?

'왜 어떤 곳에는 암각화가 있고, 또 어떤 곳에는 암각화가 없을까? 삼한 중에서도 변한(弁韓)과 진한(辰韓) 지역에서만 암각화가 자주 발견되는 이유는 무엇일까? 별자리 암각화니 바위구멍 암각화가 나오는 지역은 더 넓고, 그림다운 그림이 있는 암각화가 만들어진 지역은 왜 더 좁은가? 청동기시대 이전에도 암각화가 많이 만들어졌음은 확실하다. 어쩌다가 삼국시대 사람들은 암각화 바위를 깨 무덤 쌓기에 사용하게 되었을까? 그들의 눈에 암각화는 그저 돌에 난 무늬, 아니면 무늬 있는 돌에 불과했을까? 그게 사람이 새긴 거라는 생각은 들지 않았을까?'

인규는 문제 제기로 가득한 자신의 메모를 훑어보며 이 가운데 시원하게 답을 얻을 수 있는 게 별로 없다는 사실을 새삼 깨닫는다. 문득 엊그제 손님처럼 참석했던 선사미술연구회 월례발표회 뒷자리에서 겪었던 일이 생각났다. 천전리 각석을 주제로 한 발표와 토론, 그런 뒤 이어진 저녁 식사와 반주. 아마 술이 한 순배 돈 뒤였을 것이다. 김 선생이라 불린

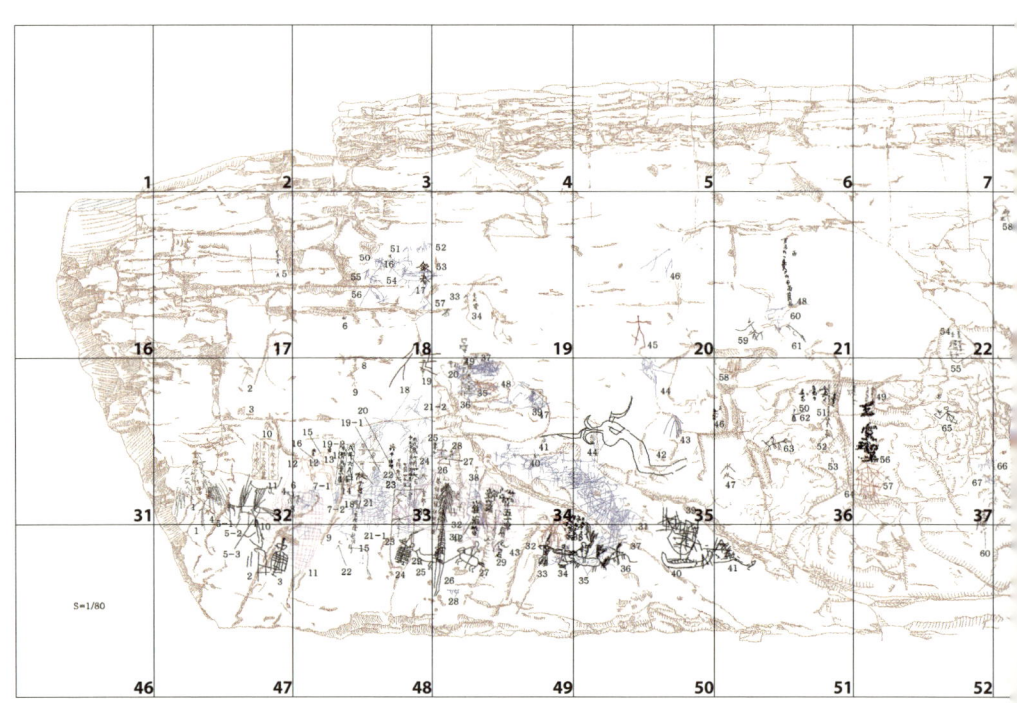

천전리 각석 세선각화 및 명문 실측도(너비X높이: 9.5X2.7m)

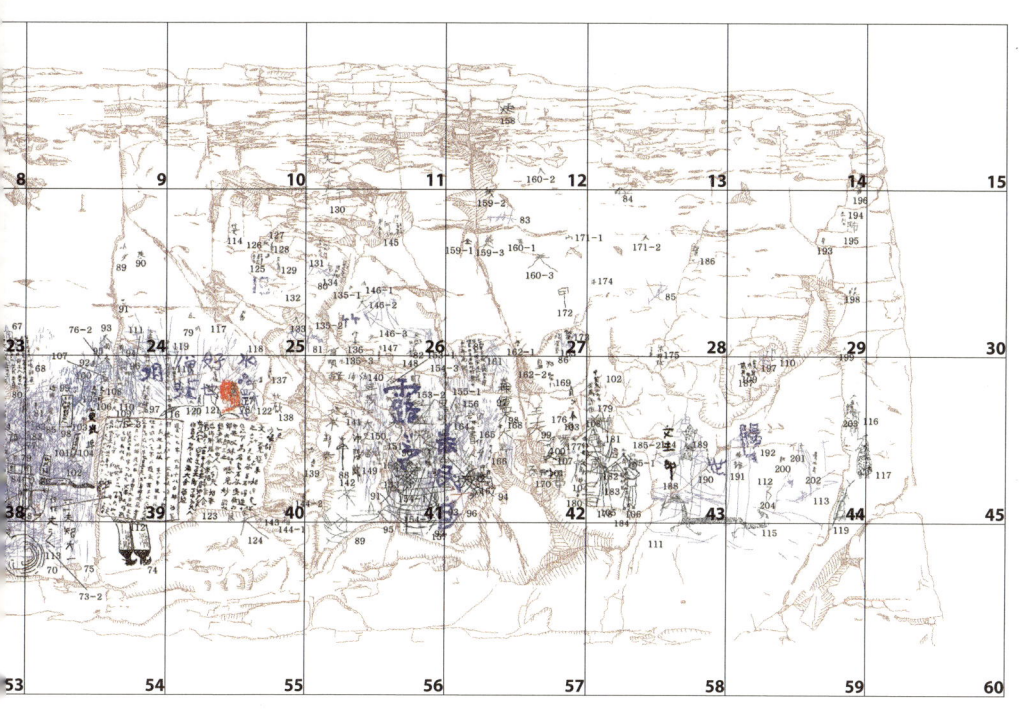

천전리 각석 세선각화의 엎드린 용(98쪽 실측도의 39)

이가 냅다 소리를 질렀다. 그쪽 모둠에서 논쟁 비슷한 게 진행되던 중이었던 것 같았다.

"그림이 먼저야!"

모두에게 들릴 정도로 그의 목소리가 높았다.

"틀림없다니까. 이 선이 먼저고, 명문(銘文)은 다음이야. 봐, 선이 굵고 깊잖아. 그렇지 않아?"

그러자 누군가가 나서서 그에게 목소리를 좀 낮추라고 하는 것 같았다. 곧 조용해졌다.

누가 보면 드라마의 한 장면으로 보아도 될 법했다. 배우는 자신을 주인공으로 삼은 모노드라마에 열중하고 관객은 말없이 그 장면에 참여했다면 그런 장면이 연출되었을 것이다. 여러 테이블로 나뉘어 앉았던 탓에 모둠별로 나누던 이야기를 멈추고 물끄러미 그를 쳐다보던 사람들의 얼굴은 '그러면 그렇지. 너지.' 하는 표정이었다. 아마도 저들의 모임에서 그는 자주 그런 식으로 제 주장을 편 듯했다. 확신에 찬 태도로 어깨를 으쓱하는 배우, '에구, 별것 아닌 거로, 잘 알지도 못하면서 또 잘난 체하는군.' 하며 거기에 별 반응을 보이지 않는 관객들이 짧지만 한 편의 드라마를 연출하는 것 같다는 느낌을 받았다. 인규는 이런 장면이 천 오백여 년 전 다른 장소에서 다른 방식으로 펼쳐졌을 수도 있겠다 싶었다.

돌뫼가 잠시 손에서 정을 놓는다. 이마에 맺힌 땀을 소맷부리로 훔치며 크게 숨을 내쉰다. 그러더니 핏발이 조금 보이는 눈을 감는다. 문득 돌뫼 주위로 침묵이 흐른다. 돌뫼가 눈을 뜨고 고개를 든다. 구름 한 점 없는 하늘이 돌뫼의 눈 안에 든다. 너덧 걸음 뒤에서 돌 쪼는 모습을 바라보던 이파지와 그의 수하 두 사람도 돌뫼를 흉내 내며 고개를 들어 하늘을 본다. 각자 제 모이 찾기에 열중하던 병아리들이 약속이나 한 듯 하늘을 쳐다보는 것과 비슷한 꼴이다. 하늘이 가없이 높다. 양털 구름 몇 쪽조차 눈에 걸리지 않는다. 푸르고 깊은 바다처럼 하늘에서 시원한 기운이 쏟아져 내려올 것만 같다.

천전리 각석의 다른 이름은 서석, 문암(文巖)이다. 순우리말로는 글돌, 글바우다. 글을 새긴 바위냐, 글이 있는 바위냐, 돌에서 새김을 보느냐, 글자를 보느냐로 이름이 갈린 경우이다. 그렇다. 사람마다 다르게 본다. 다르게 보면서 서로를 이상히 여긴다면, 이런 사람들 사이에서 그것이 무엇인지는 아예 문제가 되지 않는다.

겪은 것이 다르고 관심이 같지 않으면 다른 데에 초점을 두고 다르게 말한다. 이도 자연스러운 일이다. 문제는 그러면서도 같지 않다고, 이상하다고 서로 손가락질한다는 사실이다. 그럴 때 초점과 기준은 당연히 자기 자신이다. 아마 김 선생은 사람들이 참 이상하다고 생각했는지 모른다. 너무 뻔한데, 다들 긴가민가, 이래도 좋고 저래도 좋다, 아니면 말고 식 태도를 보이는 게 마음에 안 들었는지도 모른다.

❆ ❆ ❆

이런 유형의 유적에 이제 막 익숙해지고 있는 인규 눈에는 여전히 선의 앞뒤를 가려내기 어렵다. 그어진 지 오랜 것도, 아닌 것도 있는 건 확실했다.[27] 굵고 가늘며 깊고 얕기가 하나같이 않으니까. 얇은 것도, 두툼한 것도 있다. 쫀 것도 있고 긁은 것도 있다. 새기기만 한 것, 새긴 데에 더하여 갈아 낸 것도 보였다. 들여다볼수록 가려내기 어려웠다. 때론 어지럽기까지 했다. 사이사이에 새겨 넣은 글, 쪼아 낸 글, 그은 글까지 더해진 상태 같았다. 게다가 이미 새기고 쪼고 갈아낸 걸 망가뜨리려 애쓴 흔적까지 있다. 글자를 다시 쪼아내고 그림은 긁어내 흔적마저 없애려 했다. 이런 상태에서 어떻게 선후를 가려낸단 말인가?

과정 하나하나를 읽어내기에는 너무 복잡하게 얽혀 있었다. 그러나 어떤 면에서는 전체가 하나의 덩어리라는 생각도 들었다. 넓고 텅 빈 상태였던 캔버스가 가득 찬 것뿐이다. 많은 사람이 차례로, 혹은 무리 지어 긋고 새기고 쪼아 만들어 낸 작품이다. 오랜 시간 작업이 계속되어 거의 완성 단계에 이른 작품이라고 할까? 지금은 간간이 잔손질이 더해지는 정도라고 해야 할 것이다. 근래 이루어진 명문 작업(?) '○○○○년 ○○중학교 아무개' 같은 낙서 행위가 그것이다. 바위 위에 선이 몇 개 더해지고 단순한 그림 하나 덧붙은 거나 비슷하다.

처음 바위에 쫀 점 하나가 시작이었을 것이다. 사람과 바위가 만났고, 돌과 돌이, 돌과 쇠가 서로 마주쳐 부딪으면서 불꽃이 일었다! 둘이 비비거나 스치면서 그림이, 글이, 뜻과 소망이 바위에 남은 것이다. 마음, 기억, 경험이 흔적으로 남았다. 한 번으로 그치거나 거듭되기도 했다.

사람들이 잇달아 왔다가 떠나는 모습이 인규의 머릿속에서 영상으로 그려졌다. 바위를 찾아온 이들의 그림자가 돌 위에 어른거리고 개울 위에도 드리운다. 냇물 건너 너럭바위에 그들이 무리 지어 앉아 있다. 절벽 가장자리로 난 나무꾼 길에는 그들의 발자국이 남아 있다. 지금은 대곡천이라 불리는 맑고 깨끗한 냇물 건너 바위 옆 계단식 대지에는 그들이 성스러운 바위 근처에서 며칠 지내려고 세운 오두막이 있다. 아예 이 근처에 터 잡고 살려는 듯 절집도 세워지고 있다. 오래지 않아 거기에서는 스님 한 사람이 염불하고 경전도 읽는다. 자그만 3층짜리 돌탑을 세우더니 남녀 몇이 그 둘레를 돌며 춤추고 노래 부르기도 한다. 한 해에 몇 차례씩 바위 앞에서 불을 때고, 음식을 조리해 소박한 제상도 차린다. 바위에 있다고 믿는 신에게 절하고, 바쳤던 음식을 나누어 먹으며 소원이 이루어지리라는 믿음을 말로 주고받는다.

※ ※ ※

경주에서 열린 선사미술연구회 월례회는 1박 2일 일정이어서 인규는 다음날 오전 덕수 등과 함께 반구대와 천전리 암각화 답사에도 동행했다. 회원이 주로 암각화 연구자들이라고 들었지만, 막상 참가해 보니, 회원 가운데에는 동호인 비슷한 이들도 적지 않았다. 인규가 경험하기로 연구 경험이 두껍게 쌓이지 않은 분야에서는 전문가와 동호인 사이의 경계가 모호할 때가 있다. 선사미술연구회가 꼭 그랬다. 그래선지 의견이 엇갈릴 때는 쉽게 감정싸움에 빠지기도 하는 듯했다. 그날 오전 천전리 각석 앞에서도 그런 일이 있었다.

"아니 이런 복잡한 선에서 어떻게 탑을 읽어 내? 이 선, 저 선 이어가며 억지로 하나 만든 거 아냐? 억지 춘향도 정도껏 해야지. 이제 탑도 하나 만들었으니 다음은 금당(金堂)이네!"

수필가라는 최 선생이 빈정거리듯 한마디 하자, 가는 선 그림에서 탑을 그려 보이던 김 선생이 자못 떨떠름한 표정을 지었다. 현장 분위기가 조금 어색해졌다. 어린이 책에 삽화를 그린다는 이 선생이 두 사람 사이를 중재하듯 말을 거들었다.

"그럴 수도 있겠어요. 아닐 수도 있고요. 이렇게 선이 많은 건 뭔가 그리고 그 위에 덧그려서일 텐데, 유화도 그렇고 몇 번이고 덧그리면 그 아래 건 보이지 않게 돼요. 하지만, 겹친 건 그대로 남아요? 그걸 한 겹 벗겨 보면 원래의 그림이 나오거든요? 김 선생님은 그걸 탑으로 읽으셨나 봐요."

최 선생이 약간 짜증을 담은 소리로 되받는다.

"그래도 그렇지, 천년도 더 된 옛날에 그린 게 뭔지 어떻게 그렇게 깨끗하게 읽어 내. 이런 조잡한 선에서 머릿속으로 그려내며 읽으면 탑 아니라 왕궁도 나오고 왕궁 할배도 나오지. 이 선생도 그래. 다르게 읽으면 또 달라진다니? 그럼 누구나 읽고 싶은 대로 읽고, 그리고 싶은 대로 그릴 수 있다는 말이잖아. 그런 말이 어딨어? 그럼 도대체 진짜는 뭐야? 진짜는 처음부터 없다는 거네!"

이번에는 이 선생이 발끈하며 쏘아붙인다.

"아니, 선생님, 무슨 말씀을 그렇게 해요? 진짜는 없다니요?"

셋이 투덕거리는 소리를 들으면서도 다른 사람들은 이들 사이에 끼어들지 않는다. 저들의 얼굴에서 '또, 또, 저런다.' 하는 표정이 읽힌다. 그렇구나. 저 사람들은 자주 저러는구나. 자못 긴장하던 인규가 조그맣게 안도의 한숨을 쉰다.

***

"형님, 그거 한 번에 새긴 거 아네요? 몇 년이나 몇십 년도 아니고 한 번에, 어떤 건 며칠 만에 끝낸 거 같은데요?"

덕수가 단언하듯 말하며 인규의 의견을 구한다. '그런 것 같기도 하네.' 선배로부터 이런 소리를 듣고 싶은 것이다. 점심까지 같이한 뒤 연구회 사람들과 헤어지면서 서울로 올라가는 차의 운전대는 덕수의 친구 찬규가 맡았다. 찬규의 동생 찬미와 인규는 뒷자리에 앉고 조수석은 덕수가 차지했다. 애초에 덕수를 연구회로 불러들인 이도 이 연구회의 창립 멤버 가운데 한 사람인 찬규다. 찬규는 조그만 출판사를 운영하는 그림책 작가이고 동생 찬미는 컴퓨터에 매달려 사는 웹-디자이너라고 했다.

"글쎄, 연구회 사람들은 수천 년 동안 긋고 갈아서 만든 작품이라는데, 네 눈엔 한 번에 완성된 거로 보이냐? 내가 보기에도 몇백 년씩 건너 뛰며 새긴 거 같다. 아까도 좀 가까이 들여다보니 어떤 짐승들을 얇게 쪼왔고, 기하문 같은 건 정말 깊게 갈았더군. 내가 보고서에서 보았던 것보다 선이 더 겹치고 층이 더 지는 거 같았어. 아마 각각 새겨진 시대가 달라서겠지."

"아니, 형님도 참! 제 눈에도 층이 다른 건 보여요. 층이 다르면 시차가 있는 게 당연하죠. 얼마나 될지는 몰라도 말예요. 제 말은 짐승은 짐승대로, 기하문은 기하문대로 한 번에 한 거라는 거예요. 화가가 캔버스에 선 긋듯이 한 번에 끝낸 거라고요. 누가 조금씩 옆에 덧붙이면서 시간 질질 끌며 만든 게 아니라는 거죠. 여러 사람이 달려들어 한 번에 새기고 끝낸 거라고요. 그러니 스타일이 같잖아요. 한바탕 세게 굿거리 같은 거 쿵작거리고 주문 외고, 그러다가 달려들어 새겨 넣은 거라고요. 아마 길어야 며칠 만에 끝냈을 거예요. 찬규, 네가 보기에도 그렇지? 찬미야, 넌 어떠니?"

덕수가 또 특유의 장광설로 조용한 차 안을 시끄럽게 한다.

"야, 어떻게 며칠 만에 끝내냐? 그래서야 주문이 먹히겠어?"

운전대를 잡은 찬규가 한마디 던진다.

"그거야 모르지. 어쨌든 기우제 같은 거 지내면서 그려 넣은 건 맞는 것 같아. 바위 전체를 크게 디자인한 사람이 있을 수도 있겠지. 디자인대로 선을 쪼거나 새겨 넣고, 두어 사람이 번갈아 달려들어 갈고 또 갈고 했을 수도 있지 않겠어? 며칠 안 걸렸을 거야. 나 같은 사람은 턱 보면 알지. 나 혼자 해도 일주일이면 하고도 남겠어. 안 그래요? 형님!"

찬규가 자신 있게 말하는 덕수에게 핀잔 넣듯 다시 한소리 한다.

"한번 해 봐라. 그렇게 되나. 어려워. 아무나 화가가 되고 조각가 되는 줄 아냐? 네 눈에는 도깨비방망이로 뚝딱하면 될 수 있는 거로 보여도 해보면 어려워. 어디 가서 그런 식으로 말하지 마. 특히 우리 연구회 같은 데 오면 입 다물고 있는 게 좋아. 아까 봤지? 김 선생, 최 선생 싸우는 거."

둘이 다투는 것도 아니고, 서로 말을 받아주는 것도 아닌 그런 말을 몇 마디 더 주고받는 동안 인규는 잠시 자기 생각에 빠진다.

'덕수 말이 꼭 틀린 것도 아냐. 그럴 수 있지. 한 판 커다랗게 제의를 벌이면서 돌에 새기고 절하고 했는데, 다들 효과가 있다고 하면, 정기적으로 굿판을 벌일 수도 있고 말이야. 그러면서 그림이 조금씩 더해졌겠지. 아닐 수도 있고. 나도 생각이 왔다갔다 하는군. 이 친구들 사이에 있다 보니까, 자꾸 헷갈려.

인규는 그러지 말아야지 하면서도 사람들 앞에서 하지 못한 말은 혼자 되뇌고는 한다.

'누구나 하고 싶은 이야기를 하지. 제 생각에는 그럴듯해도 다른 사람들에게는 아예 되지 않는, 그런 이야기들이 문제야. 아니라면 그뿐인데, 그러지를 못하고 돌려 말하고, 뒤에서는 아니라고 하고.'

어떤 때는 덕수처럼 아주 단순하게 제 생각을 내뱉는 게 속은 시원하고 좋을 것 같기도 하다. 속으로는 그렇게 생각하면서도 겉으로는 조심스럽고 겸손하게 말하지만, 실제로는 영 아닐 수도 있지 않은가?

※ ※ ※

인규가 실측도면이 첨부된 천전리 암각화 조사보고서를 참조하면서 화면을 나누어 그림의 배치를 다시 정리한 뒤, 자신이 덧붙인 설명과 그림을 같이 보며 서로 엇갈리는 부분은 없는지 찬찬히 본다.

보통 천전리 각석이라고 부르는 큰 바위를 남쪽에서 북쪽으로 가며 $1/3$씩 나누어 살펴보면 첫 번째 화면인 남쪽 화면 왼편 끝에서 얼마 떨어지지 않은 곳에 어깨와 엉덩이에 장식을 얹은 말 한 마리가 그려

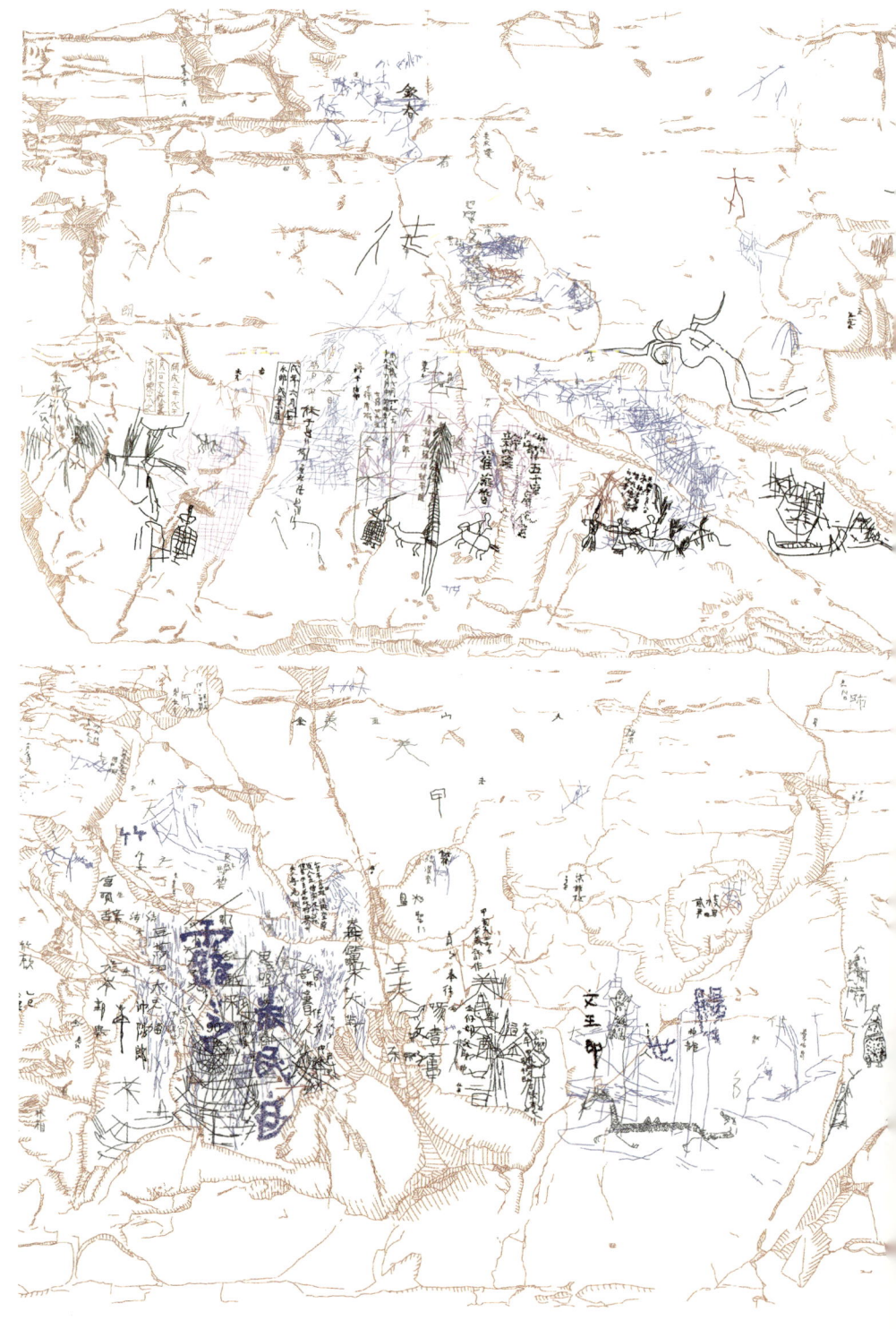

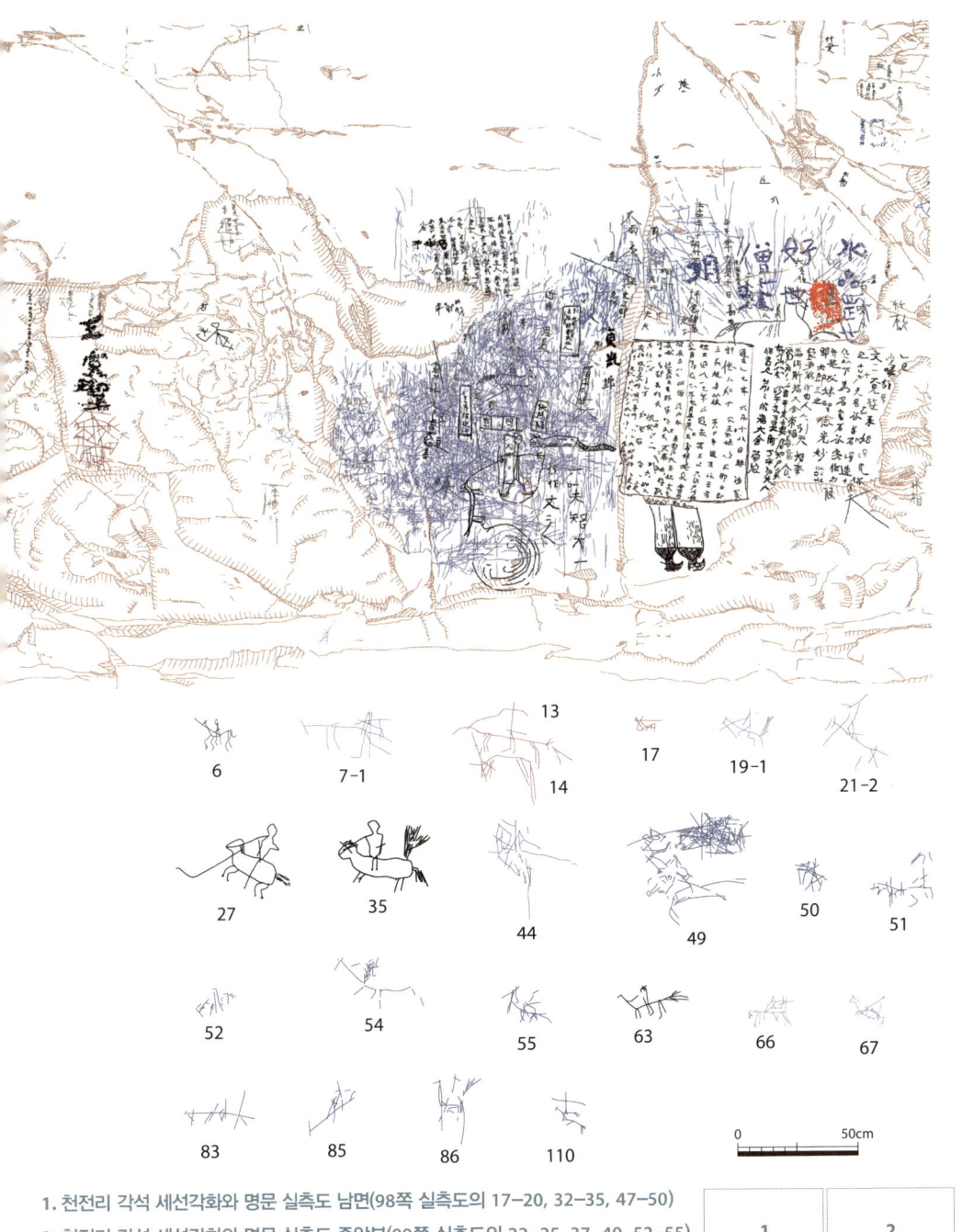

1. 천전리 각석 세선각화와 명문 실측도 남면(98쪽 실측도의 17-20, 32-35, 47-50)
2. 천전리 각석 세선각화와 명문 실측도 중앙부(98쪽 실측도의 22-25, 37-40, 52-55)
3. 천전리 각석 세선각화와 명문 실측도 북면(98쪽 실측도의 26-30, 41-45, 56-60)
4. 천전리 각석 세선각화 실측도 개별 형상

졌고 말의 꼬리에서 아래쪽에 격자무늬의 통 넓은 바지를 입은 한 인물이 왼편을 향해 나아간다. 이 인물과 상당한 거리를 두고 왼편을 향한 기마행렬이 묘사되었다. 이 행렬 가장 왼편의 통 넓은 격자무늬 바지를 입은 인물은 머리에 새 깃 장식 모자를 썼으며 사람을 태우지 않은 말을 끌고 간다. 그 뒤를 한 인물이 말을 타고 따른다. 바위가 파손된 부분을 사이에 두고 다시 머리 위에 큰 양산을 쓴 인물, 긴 치마를 걸치고 두 팔을 좌우로 넓게 벌린 인물, 어깨 위로 화살집처럼 보이는 것이 솟아 있는 기마 인물 한 사람, 머리카릭이 위로 솟은 말 탄 인물이 또 하나의 행렬을 이루고 있다. 이 행렬 뒤에는 크고 작은 세 척의 배가 표현되었다. 두 번째 기마행렬과 소규모 선단이 묘사된 장면 위에 커다란 용의 머리와 목 부분이 선 새김 되었다.

　두 번째 화면은 바위의 오목 볼록[요철]이 심한 남쪽, 가늘고 날카로운 선이 심하게 겹친 가운데, 장문의 명문으로 말미암아 세선각화가 심하게 훼손된 북쪽의 세 장면으로 나눌 수 있다. 간간이 인물이 등장하는 남쪽의 화면에서 눈에 띄는 것은 정면을 향해 두 팔과 두 다리를 활짝 편 채 선 인물이다. 이 인물은 표현방식으로 볼 때 선사시대 암각화에 가끔 보이는 손과 발이 과장되게 크고 뚜렷하게 표현된 이른바 수족과장형 인물상과 비슷하다. 가운데 화면에는 물살이 소용돌이치는 못, 하늘을 향해 수직으로 올라가는 용, 엎드린 모습이 악어를 연상시키는 용, 말 한 마리가 보인다. 이외의 물상은 선이 심하게 중복되어 무엇을 표현하려고 했는지 짚어 내기가 어렵다. 가운데 화면의 북쪽 제일 끝에는 입은 옷의 무늬까지 구체적으로 표현된 인물 하나와 말이 한 마리 묘사되었다. 그러나 원명과 추명으로 알려진 긴 명문을 새기는 과정에 말은 배와 다리, 사람은 머리를 포함한 허리부터 그 위가 다 제거되었다.

북쪽 화면은 선의 중복이 심하여 형상을 읽어내기 어려운 남쪽, 인물 행렬이 묘사된 북쪽으로 나눌 수 있다. 남쪽 화면에는 여러 척의 배가 등장하며 그 외에 솟대로 해석할 수 있는 형상도 보인다. 날개 달린 새로 해석할 수 있는 형상도 여럿 있다. 북쪽 화면에는 머리가 제법 큰 인물의 정면상, 사실적으로 세세하게 묘사된 용, 행렬을 이룬 인물들도 보인다. 화면 속의 용은 세부적인 묘사나 전체 형상에서 고구려 약수리벽화분의 청룡과 비슷하다.

천전리 각석의 세선각화는 쇠로 만든 송곳 모양의 물건을 연필처럼 잡고 바위에 그어 기억될 만한 사건이나 풍경을 형상화해 남긴 경우이다. 행렬에 기마 인물이 여럿 등장하고 커다란 돛을 단 배들이 묘사된 것으로 보아 바위에 세선각화가 그려지기 시작한 시기가 삼한시대 이전으로 올라가기는 어렵다.

중국의 역사책인 『후한서』에는 영남지방 12개 소국 연맹인 진한에서는 사람들이 소와 말을 타고 다닌다고 기록되어 있다.[28] 경주의 사로국을 포함한 진한연맹의 4세기 후반 유적에서는 당시의 기마문화를 알 수 있는 마구가 다수 출토된다. 이 시기 진한의 맹주 행세를 한 나라는 경주의 사로국이다. 4세기 후반, 진한은 명목상으로만 존재했다. 이 시기에 '사로'는 진한을 대표하는 나라로 널리 알려졌다.

천전리 글바위에 그려진 세선각화에 기마인물은 모두 23차례 등장한다. 말이 단독으로 새겨진 경우도 2차례 보인다. 말이 선 그림으로 새겨진 장식 토기, 말이 토우로 빚어져 부착된 토기, 말을 그려 장식한 말다래, 기마인물 모양으로 빚어 구운 토기, 기마인물이 그려진 둥근 나무판 같은 것들이 5~6세기 신라 유적에서 잇달아 출토된다.[29] 4세기 후반을 기점으로 신라에 기마문화가 널리 퍼지면서 천전리 글바위에도 기마인물 행렬 그림이 두 차례 이상 그려지게 되었다고 하겠다.[30]

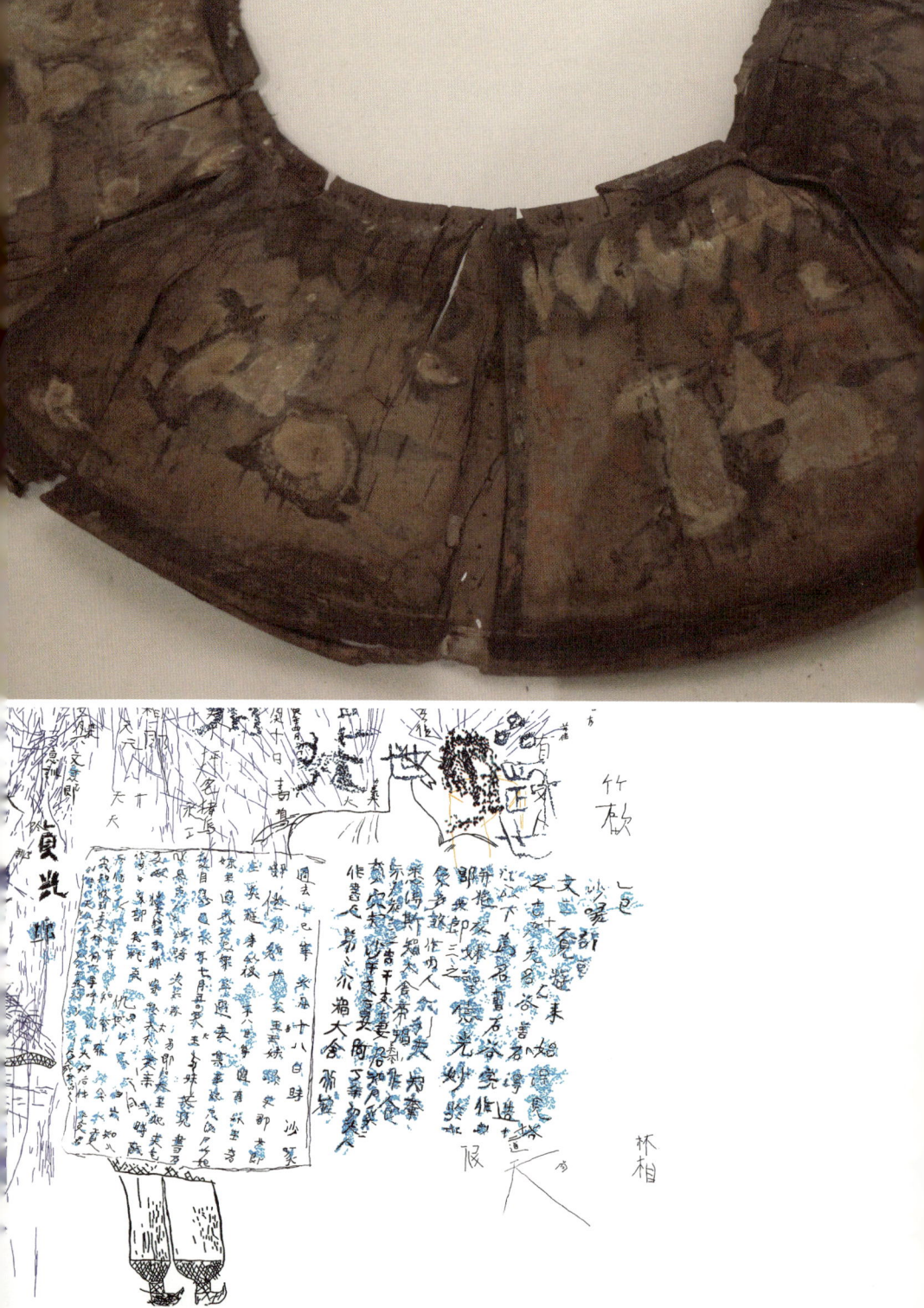

1. 신라 천마총 출토 백화수피제 기마인물 채화판 부분
2. 천전리 각석 세선각화와 명문 실측도 원명 및 추명 부분(98쪽 실측도의 39-40, 54-55)
3. 고구려 무용총 벽화 무덤주인

    세선각화로 묘사된 기마인물이나 말을 끌고 가는 사람 가운데에는 머리에 새깃을 꽂은 모자를 쓰고 통 넓은 격자문 바지를 입은 사람이 있다. 명문에 의해 상반신과 머리가 없어진 이 인물은 가장자리에 빗격자문 띠를 덧댄(이것을 선襈이라고 한다) 긴 저고리와 아랫단이 빗격자문으로 장식된 통 넓은 바지 차림이다. 코가 높은 가죽신을 신은 이 인물이 입은 바지의 아랫단은 홀쳐맨 상태이다. 이 사람은 신라 왕경의 귀족 남자임이 확실하다.

    이 사람과 비슷한 복식의 인물은 고구려 고분벽화에서 쉽게 발견할 수 있다. 불교 승려 두 사람에게서 설법을 듣고 있는 무용총 주인 남자가 입고 있는 저고리와 바지, 신고 있는 신발은 세선각화에 등장하는 인물의 그것과 별다른 차이가 없다. 새깃으로 장식한 모자는 고구려 상위 귀족인 대가(大加)가 머리에 쓰던 새깃 장식 절풍(折風)과 다르지 않다. 천전리 글바위의 세선각화는 신라의 귀족 남자들도 새깃 장식 모자를 머리에 썼다는 사실을 확인시켜 준다.

세선각화 가운데 남쪽의 첫 번째 기마행렬과 두 번째 기마행렬 위에는 병술명[丙戌載(746년, 경덕왕 5년) 7월 26일/辛亥年(771년, 혜공왕 7년) 9월에 예웅의 처가 함께 가다.]으로 불리는 명문과 계해명[癸亥年(543년, 진흥왕 4년) 2월 8일 사닭부의 □릉지 소사의 부인 조덕도가 놀러 갈 때에 쓰다.]으로 불리는 명문이 새겨졌다. 명문과 행렬이 관련 있는지는 알 수 없다.[31]

두 명문은 각각 진흥왕 시대, 경덕왕 및 혜공왕 시대에 새겨졌다. 통일신라 때 새겨진 병술명과 달리 삼국시대 명문인 계해명을 바로 아래 묘사된 기마행렬과 연관 지을 수 있을까? 지금까지는 세선각화가 이미 그려진 뒤 명문이 새겨졌다는 해석이 더 우세하다.

혹 세선각화 위에 명문을 새기던 사람들이 그 아래 기마행렬의 의미나 관련된 사건을 알고 있었을지도 모른다. 천전리 글바위 가운데 아래에 원명과 추명을 남긴 사람들은 일부러 그 이전에 새겨진 사람과 말을 삭제하며 글자를 새겼다. 하지만 병술명, 계해명을 새긴 사람들은 행렬을 삭제하는 대신 그 위에 자리를 만들어 명문을 새겨 넣었기 때문이다.

사실 의문을 품어야 할 것은 원명, 추명이 새겨지기 이전 바위에 크게 형상된 귀족 남자의 정체이다. 왜 신라 왕실 사람들은 신라 왕경 변두리의 깊은 골짝 바위를 찾아왔음을 알리는 긴 명문을 새기면서 자

천전리 각석 세선각화와 명문 실측도 남면 병술명과 행렬(98쪽 실측도의 33-34, 48-49)
천전리 각석 세선각화와 명문 실측도 남면 계해명과 행렬(98쪽 실측도의 34-35, 49-50)

기녜와 같은 귀족 남자의 머리와 몸을 삭제했을까? 남은 모습으로만 보아도 허리 아래만 남겨진 귀족 남자는 얼굴까지 상세히 표현되었을 가능성이 있다. 혹 이 인물의 모습을 바위에 새기면서 그가 누구인지 알리는 명문까지 새겼을 수도 있다. 새로운 명문이 새겨지기 전 이 남자와 그 위의 말 사이에 다른 그림이 더 있었을지도 모른다. 그렇다면 어떤 역사적 사실이나 신화, 전설을 보여주는 한 장면이 명문에 의해 없어졌을 수는 없을까?

인규가 덕수와 처음으로 천전리 글바위를 찾았을 때 일을 머리에 떠올린다. 실측 보고서에 따로 특별히 표시해두었던 커다란 용 머리와 목(110쪽 1의 오른쪽 위의 그림)을 찾아 두리번거리다가 간신히 찾아내 덕수에게도 한번 보라고 했다. 가는 선으로 새겨 넣은 거라 어떤 방향이나 각도에서는 아예 보이지 않는 그림이어서 찾기도 어려웠다. 인규가 가리키는 손가락 방향을 따라 그림을 보던 덕수가 대뜸 한 마디로 잘라 말한다.

"아니네. 용이 아니야! 제 눈에는 용으로 보이지 않네요!" 덕수는 하고 싶은 이야기는 그냥 한다. 뜸도 들이지 않는다. 게다가 가부간 뭔가 결론 내면 그걸로 끝이다. "하긴, 여기에 용을 그릴 이유도 없잖아요. 뭐 하러 힘들게 용을 그리겠어요. 용을 본 것도 아닐 테고. 눈 비비고 볼 필요도 없어요. 저건 그냥 낙서야. 죽죽 긋다가 말았는데, 누가 '용이야.' 한 거지. 안 그래요?"

그래, 덕수 눈에 용이 보이지 않으면 없는 거다. 더 얘기해 봐야 입만 아플 것이다. 말해도 먹히지 않을 텐데, 더 말해서 무엇하리. 짐짓 아무렇지도 않다는 듯 인규는 화제를 돌렸다. 물이 맑고 소풍 오기에 제격인 이런 곳을 찾기가 쉽지는 않다는 둥, 공룡 발자국이 솥만 한 걸 보니 어지간히 큰 공룡들이 어슬렁거리던 풍경이 떠오른다는 둥.

바위 앞 내 건너편 산자락이 그림자를 길게 드리우기 시작한다. 덕수가 배낭을 열고 자신의 재산목록 1호라는 예의 그 묵직한 카메라를 넣는다. 유명한 국보 암각화 바위 앞에 오래 머물렀다는 자부심이 그의 얼굴에서 살짝 피어오른다.

고대의 선 새김 그림은 그것을 그리고 새긴 자가 초점으로 삼은 바로 그 눈으로만 볼 수 있다. 보통 사물의 특징만 잡아내며 그리는 그림에서 사소한 부분은 생략되기 마련이다. 문제는 보는 사람마다 그 '사소한 부분'이 다르다는 사실이다. 점무늬가 없으면 표범이 아니라는 식으로 그림을 읽어내려는 사람은 그나마 낫다. 맹수면 송곳니가 있어야 한다. 송곳니가 그려지지 않았으면 맹수가 아니다. 라고 우기는 사람과 그것이 무엇인지로 다투어야 할까? '삼각형의 꼭짓점을 이루며 위로 불룩 솟은 어깻죽지, 길게 뻗은 꼬리가 계단 형상으로 꺾이며 위로 솟은 저런 형상이 바로 맹수의 그거야.'라고 소리쳐도 받아들여질 리 만무하다.

　　　　　　　　＊＊＊

　인규는 다음날 집으로 돌아오자마자 식탁 위에 차 안에서 틈틈이 끄적였던 메모 몇 장을 늘어놓았다. 글이 비뚤배뚤한 데다 내용도 엉망이다.! 보고 있는 것만으로도 정신이 사납다. 스스로 혀를 차며 메모를 모아 작은 봉지에 담는다. 그걸 가져다 서재 책상 가장자리에 밀어 놓는다. 그런 식으로 제가 던져 놓은 여러 개의 메모 봉지를 물끄러미 내려다보던 인규가 책상 앞에 앉더니 갑작스레 컴퓨터를 켜고 자판을 두드리기 시작한다. 모니터 안의 인규가 잠깐 사이에 삼국시대 신라의 장인 돌지가 된다.

　서라벌 한 귀퉁이 잡동사니로 가득한 공방 한구석에 앉은 장인 돌지가 푸념하듯 저 자신에게 묻는다. '용을 어떻게 그리지? 정말 그려도 될까. 바다의 신, 용궁의 주인을 그려도 되는가. 하늘이 허락하실까. 괜히 그러다가 서라벌 한 귀퉁이, 바로 여기에 용이 토한 큰물이 들면 어떡하지? 이곳이 못이 되면 난, 자라나 남생이가 되는가?'

　그러고 보니 돌지가 두 번째 서석골에 갔을 때, 큰비가 내렸다. 바위 앞 작은 못에 물이 넘치더니 작지만 거칠고 힘 있게 소용돌이가 일었다. 돌지는 해가 이울기 시작할 때까지 글바위 건너 너럭바위 위쪽에 앉아 비가 잦아들고 물길이 얌전해지기를 기다릴 수밖에 없었다. 물이 한꺼번에 급하게 흘러 내를 건너기 어려웠다.
　돌지가 너럭바위 쪽에서 보니 글바위가 묘하게 앞으로 약간 기울어 있는 게 눈에 들어왔다. 앞으로 숙이긴 했는데, 바위 모양새는 그대로고 바위에는 이상한 무늬가 가득했다. 거 참! 자리가 그렇게 높지 않은데도 냇물이 글바위까지는 차오르지도 들이치지도 않았다. 가만 보니 커다란 바위 3개가 글바위 앞에 호위무사처럼 서 있다. 거칠게 흐르며 소용돌이치는 냇물도 세 바위를 넘어서지는 못하고 있었다.

비가 그치고 차고 넘치던 물도 좀 잦아들자 글바위 너머 산자락 위로 무지개가 떴다. 옛말에 나오는 용다리다. 용이 낸 길, 용이 자기 몸을 다리로 삼아 귀인이 딛고 건너게 한다는 바로 그 용다리다. 용다리를 건넌 이는 왕이 된다는 말도 있었다. 용다리는 왕궁으로 이어진 길 끝에 잠시 생겼다가 사라진다고도 했다. 그 용다리를 보면서 서라벌에서 무슨 큰일이라도 일어났는가 싶었다. 혹, 무슨 변고라도….

서라벌에 돌아가니 글바윗골 근처에서 용오름을 봤다는 이야기가 귀에 들어왔다. 용오름은 하늘로 올라가는 걸 말한다. 큰 임금이 나올 조짐이라는 이야기도 돈다고 했다. 별 이야기가 다 도는군 했다. 그런데, 말이 씨가 되었는가? 월성에서 소동이 일었다고 했다.

월성의 큰 나리들 가운데 이런 말을 한 사람도 있을 것이다. "이런 해괴한 말들이 거리에 돌다니, 어떤 놈들이 이런 말을 지어냈는지 알아보아라. 혹, 그 씨앗 되는 자들이 해괴한 일을 꾸미며 말을 지어 퍼뜨렸는지도 모를 일이다. 밑도 끝도 없이 나올 말이 아닐 수도 있다. 조용히 샅샅이 뒤져라."

그러나 이 말이 어디서 나왔는지 어떻게 알 수 있겠는가? 하긴 잠깐 사이에 가라앉기는 하더라도 이 말을 마음에 두고 때를 기다리는 사람이 나올 수도 있으리라. 이런 마음이 나리들의 머릿속에서 말이 되어 흐를지도 모른다.

"밑도 끝도 없다면, 괴이한 일을 꿈꾸는 자가 있어서 나온 말이 아니라면, 이는 하늘이 낸 말이다. 하늘의 뜻이 백성의 입을 빌려 나온 말이다. 때가 되면 서라벌 이 나라를 바꿀 큰 임금이 날 수도 있어. 그가 우리 가문의 누구일 수도 있지 않은가. 기다려 보자!"

용오름 이야기가 잠잠해질 무렵이던가? 누군가 월성에 야광주를 바쳤다고 한다. 동해 큰 바다에서 얻은 것이라 했다. 사람들이 일자리에 모이면 너나없이 수군거렸다.

"야광주는 용왕이 보내는 사자의 징표라고 했어. 용궁 사자가 어찌 되었다는 뜻인가? 용궁 사자는 어디로 갔는가? 어찌 야광주만 서라벌로 왔는가? 좋은 징조인가? 나쁜 징조인가?"

하늘이 세상에 알리려는 하늘 임금의 뜻을 시시콜콜히 꿰고 있다는 일관(日官)으로도 안 되었던지 동해 바닷가 가올마을 큰 당골도 월성에 불려갔단다. 나랏일이라면서 궁에 들어간 당골이 몇 날 며칠 마을로 돌아오지 않았다는 말이 사람들 사이에 돌았다. "서라벌이 또 웅성거리겠군."

"저는 골화에서 신내림 받은 당골입니다. 제 몸에 오신 신께서 지난밤 꿈에 말씀하시기를 글바윗골 용내로 가라. 귀인을 만나리라. 네가 그 귀인 된 자, 용의 길잡이가 되리라 하셨습니다. 제게 내린 분도 얼굴이 나리와 같았습니다. 용은 용을 알아본답니다. 나리는 이 나라와 백성을 살릴 분입니다. 제가 신으로부터 말씀 받은 그대로 나리의 모습을 이 바위에 새기겠습니다. 그러면 나리에게 하늘의 힘이 깃들 것입니다."

마로가 뭐라 말할 틈도 주지 않았다. 가올 당골은 바로 글바위 앞에 엎드려 절했다. 그러고는 제 봇짐에서 가느다란 쇠꼬챙이를 꺼내 들더니 바위에 붙다시피 가까이 간다. 마치 노려보듯 바위를 뚫어지라 보더니 바위 가운데에 쇠꼬챙이를 대고 긁기 시작한다. 멀찌감치 떨어져 그 꼬락서니를 보며 일이 되어도 이상하게 된다는 생각이 들었다.

말잡이 시득이 눈을 멀뚱거리며 마로를 보았다가 당골을 본다.

시각이 얼마나 흘렀을까. 당골이 쇠꼬챙이를 바위에서 떼고 일어서는데, 빛이 바위로 쏟아진다. 바위 가운데에 어떤 형상이 새겨진 듯하다. 그러나 거리 까닭인지, 빛으로 말미암음인지 제대로 보이지는 않는다. 당골이 마로 앞으로 오더니 다 되었단다. 마로도, 시득도 얼결에 오던 길로 눈길을 돌린다. 바위 쪽을 다시 보니 빛은 그새 거둬지고 큰 바위의 둘레 바위 곁으로 맑은 기운이 도는 듯하다. 이 용내 까닭인가? 물이 맑음인가? 공기가 찬 때문인가? 왜 이런 느낌이 드는지 가늠이 되지 않는다.

마로는 당골에게 뭔가 말을 건네야겠구나 하면서도 정작 할 말이 없다. 사실 이 사람의 정체도 알지 못한다. 어찌어찌 찾아온 글바위 드는 길도 돌아서려니 아득하다. 글바위 찾겠다고 서라벌 집을 나선 게 새벽녘이었다. 그때도 이미 한 옛날 같다. 마로가 다스리는 동천 너머 우시골까지 해지기 전에는 돌아갈 수 있을 듯도 하다. 골짜기 길을 나설 즈음 글바윗골 용내 쪽을 한 번 더 돌아본다. 하늘 높이 매가 한 마리 떠 있다. 뭔가 낚아챌 것이 있는가? 내 앞 높은 봉우리 주위를 몇 차례나 도는 듯하다.

동천 큰 어르신 댁에서 기별이 왔다. 돌지는 머뭇거리지 않고 바로 그 댁으로 달려갔다. 마주할 수 없는 지체 높은 어른인지라 어르신 모습을 가린 발에서도 열 걸음 정도 떨어진 자리에 엎드렸다. 시종이 가까이 오더니 발 앞 두 걸음 자리까지 나가라고 한다. 조심스럽게 그 자리까지 무릎걸음으로 갔다. 소리를 고르는 작은 기침 소리가 귀에 들어온다.

"이보게, 이리저리 알아보았네만 서라벌에서는 찾지 못했네. 그런

데 옛 전적을 뒤지다가 그 형용을 논한 글을 읽었다네. 이르기를 얼굴은 말이요 뿔은 사슴이며 눈은 귀신이라. 나발은 닭이요 등은 물고기이며 배는 큰 조개, 발은 호랑이에 꼬리는 뱀이니 그 모습이 하늘, 땅, 바다, 어디에서도 보기 어렵다고 하네. 어떻게 이 형용하는 글로나마 형상이 나올 수가 있겠는가? 내 더 애를 써 보겠네만, 그 바탕 그림을 얻기가 쉽지는 않을 것 같네."

헛걸음치고 공방으로 돌아온 돌지가 곰곰이 생각에 잠긴다. 이제는 할아버지의 할아버지, 그분의 할아버지가 섬기던 이 나라의 박박 바가지 대왕신께 빌면서 그 형상이 나오기를 비는 것밖에는 다른 방법이 없을 것이다. 하늘과 땅, 물에 계시는 나리들께 빌면서 내 손이 그 형상을 그려내기를 간절히 구하는 수밖에 없지 않겠는가? 하늘이 내게 내린 이 작은 재주를 믿고 내 머리와 손으로 용신의 모습을 형용해 내도록 빌고, 빌고, 또 빌어야겠다.

잠시 상상력의 나래를 펴던 인규가 세선각화로 서로 다른 모습으로 묘사된 용이 네 마리나 된다는 사실에 새삼 놀라며 떠 오르는 의문을 새 메모지에 순서 없이 옮겨 놓기 시작한다. '정말 용이 왜 이렇게 많지? 한꺼번에 새긴 건 아니겠지만, 신라 사람들이 용 이야기를 자주 나누었던 건 사실인 거 같군. 나라의 시작도 용이니까, 알영도 계룡의 몸에서 나왔다니, 그럴 법도 하긴 하지.'

용은 실재하지 않음에도 신비한 힘과 능력으로 사람의 삶에 영향을 끼칠 수 있는 존재로 믿어진 신수(神獸)이다. 세선각화로 묘사된 용은 큰 바위 남쪽에 한 차례, 북쪽의 '원명'과 '추명' 왼편의 못 위에 두 차례, 북쪽 끝에 한 차례 등장한다.[32]

큰 바위 남쪽의 용은 머리와 목 정도만 묘사되었는데 입을 벌려 혀를 길게 빼고 머리에 난 뿔이 활처럼 뒤로 휜 상태이다. 비슷한 형태의 용이 경주 천마총 부장궤에 넣은 상태로 발견된 금동제 합(盒)의 장식문에 보인다. 천마총이 5세기 말부터 6세기 초 사이에 축조되었다면 금동제 합이 제작된 시기도 그 정도에서 크게 벗어나지는 않을 것이다.

천전리 글바위 하부 북쪽에 새겨진 원명, 추명 왼편에는 긴 몸을 수직으로 세워 하늘을 향해 날아오르는 용이 표현되었다. 이 용은 입을 벌리고 혀를 길게 뺐다. 머리 위에는 뿔, 혹은 귀에 해당하는 것이 삐죽이 솟았고, 그 뒤로 삼각형을 이루는 두 선이 비스듬히 뻗어 올랐다. 등 부분에서 솟은 삼각형 무늬가 꼬리까지 이어졌으며 네 다리는 세운 상태이다. 용 아래로 소용돌이치는 못이 표현되었다.

일본 교토[京都] 조지야마[銚子山] 고분에서 출토된 원통형 하니와[埴輪] 조각에는 선각된 용이 한 마리 등장한다. 몸통을 윤곽선으로만 나타낸 점에서 천전리 글바위의 하늘로 솟는 용과 비슷하다. 조지야마 고분은 5세기에 축조된 유적이다.[33] 천전리 글바위에 하늘로 솟는 용을 그리던 문화나 관념, 예술적 기법을 이해하거나 공유한 사람이 조지야마 고분에 묻힌 것일까?

큰 바위 세선각화 중의 못에서 솟아오르는 용의 입에서는 혀로 보이는 선이 뻗어 나가 정면을 향해 사지를 벌리고 선 사람과 닿은 것처럼 보인다. 정면상의 이 인물은 손가락이 과장된 점에서 멀리는 몽골이나 중앙아시아, 가깝게는 반구대 암각화의 수족과장형 인물상과 유사하다. 만약 하늘로 솟는 용과 이 인물이 서로 연결된 존재라면 못, 용, 사람을 잇는 흥미로운 이야기, 곧 신라 왕경 사람들 사이에 알려진 전설이나 설화가 그림으로 그려졌다는 해석도 가능해진다. 과연 진실은 어디까지일까?

천전리 각석 세선각화 실측도 용의 머리와 목(98쪽 실측도의 35)
신라 천마총 부장궤 출토 금동제 합 장식문 중 용

1. 천전리 각석 세선각화 실측도 승천하는 용(98쪽 실측도의 38, 53)
2. 일본 교토(京都) 조자산고분(銚子山古墳) 출토 원통형 하니와(埴輪)의 용
3. 천전리 각석 세선각화 실측도 엎드린 용(98쪽 실측도의 39)

『삼국유사(三國遺事)』에는 신문왕이 부친 문무왕을 기리기 위해 해중릉 근처에 감은사(感恩寺)를 지었다고 했다.[34] 왕이 이곳에 행차했다가 용으로부터 만파식적(萬波息笛)을 얻었는데, 알고 보니 피리의 옥 장식이 모두 용이었다고 한다. 왕이 감은사를 거쳐 지림사 서쪽 냇가에서 쉴 때, 태자 이공(理恭)이 대궐에서 달려와 옥띠 장식이 용이라며 옥 장식 한 개를 따 개울물에 담근다. 그러자 옥 장식은 용이 되어 하늘로 오르고 그 자리는 못이 되니 '용연(龍淵)'이라는 이름이 붙었다고 전한

다. 이 설화가 하늘로 솟아오르는 천전리 글바위의 용과 관련이 있을까?

흥미롭게도 천전리 글바위에는 사지를 벌리고 선 사람의 머리 가까운 곳에 엎드린 모습의 용이 또 한 마리 세선각화로 묘사되었다. 뱀처럼 몸을 땅 위에 드리운 이 용의 머리는 길짐승의 그것과 같으며 몸통 일부에는 물결무늬가 표현되었다. 용의 배 쪽에는 비늘로 볼 수 있는 무늬가 띄엄띄엄 줄을 이루며 그려졌고, 꼬리 쪽은 뱀과 같이 비늘로 덮였다. 몸통과 꼬리가 뚜렷이 구별된다는 점에서 동아시아 용의 전형적인 모습은 아니다. 그런데도 용 외의 다른 짐승을 상정하기는 어렵다. 신화나 전설 속의 어떤 신수도 이런 모습으로 묘사된 사례는 보이지 않는다.

마치 악어 비슷하게 보이기도 하는 이 용을 정면상의 인물과 연결 지을 수 있을까? 용 머리 위의 명문에는 복호지(伏戶智)라는 이름이 새겨졌다. 이 복호지가 용과 어떤 사건이나 일화로 얽힌 인물일까? 용의 몸 아래에는 '육협부지(六叶夫智) 대일(大一)이 행차하고 글을 짓다.'라는 글이 새겨졌다. 명문과 용, 복호지, 육협부지라는 인물을 잇는 전설이나 설화를 상정할 수도 있을 것이다. 바위에 사람의 이름을 새기거나 용과 같은 신수를 그려 넣을 때, 그 자리에 있던 사람들 사이에는 큰 못의 이무기처럼 용이 되어 하늘로 오르기를 기다리던 사람들, 왕이나 최고 귀족의 자리를 꿈꾸던 이들과 관련된 기이하고 특별한 이야기가 오갔을지도 모르겠다.

천전리 글바위의 아랫부분, 북쪽 끝 가까운 곳에 가로로 길게 그려진 용은 고개를 세우고 큰 걸음으로 앞으로 나가는 자세이다. 가없이 넓은 하늘, 허공을 유영하는 모습으로도 볼 수 있다. 등에는 삼각형 등지느러미 두 개가 잇달아 표현되었고 꼬리는 살짝 아래로 드리우다

1. 천전리 각석 세선각화 실측도의 앞으로 나아가는 용(98쪽 실측도의 42-44, 47-59)
2. 고구려 약수리벽화분 벽화의 청룡
3. 일본 경도대 총합박물관 소장 신라 인물동물문호 장식문의 용
4. 경주 황남동 출토 신라 토기편에 부착된 용(龍) 토우
5. 국립경주박물관 소장 경주 미추왕릉 C지구 3호분 출토 서수형 토기
6. 국립경주문화재연구소 소장 경주 쪽샘B지구 18호 석곽묘 출토 동물문대부장경호 장식문의 용과 여러 종류의 상서동물

1	
	3
2	4	5
	6	

가 위로 치켜 올라가며 안으로 굽었다. 머리와 목에는 갈기로 해석될 수 있는 가는 선들이 그어졌으며 몸통에는 사격자문으로 비늘이 표현되었다. 이 용의 모델이 된 듯한 용 그림이 고구려 약수리벽화분 벽화에 보인다.

삼국시대 신라의 유물에서 용은 과장되게 입을 벌리고 길게 혀를 내민 모습으로 묘사된다. 때로 혀를 길게 뺀 모습이 생략되기도 하지만, 입을 벌려 입술이 더듬이처럼 위아래로 휘어 나가게 표현하는 점에서는 어느 것이나 같다. 용의 입술이 위아래로 젖혀지는 것은 신라 사람들의 용에 대한 인식과 표현의 특징이다.[35] 이웃 고구려, 백제의 용에서는 이런 모습이 보이지 않는다.

신라의 시조 왕 박혁거세의 왕비 알영은 우물곁에 나타난 계룡(鷄龍)의 옆구리에서 태어났다.[36] 아기 알영의 입술이 닭 부리와 같아 북천에서 씻겼더니 부리가 떨어져 나갔다고 한다. 알영의 본래 정체는 계룡, 곧 닭 모습의 용이었던 셈이다. 천전리 세선각화와 신라 유물에 묘사된 용의 입이 위아래로 크게 젖혀진 것도 이런 신화, 전설이 작용했기 때문이 아닐까.

'그런데, 세선각화의 '용'은 왜 네 마리가 다 다르게 그려졌지? 시대가 달라서 그런 건가? 아니면, 종류나 역할이 달라서 모습도 다른 건가?' 생각해 보니, 어느 쪽인지 판단이 되지 않는다. 하긴 토기에 선각으로 표현된 용들도 서로 모습이 다르기는 하지만, 세선각화로 묘사된 용이 다 다른 건 어떻게 설명할지 난감하기도 하다. 인규는 파고들수록 오히려 의문만 더해진다는 생각이 들자 자기도 모르게 머리를 절레절레 흔든다. 역사시대의 그림이나 무늬는 선사시대보다 해석이 쉬울 것 같았는데, 실제 해 보니까 그렇지도 않다. 어떤 면에서는 더 복잡하고 어렵다. 그러니 명문으로 들어가면 어떨지, 명확하게 알 수 있는 것이 얼마나 될지 가늠이 되지 않는다.

갑자기 허기가 밀려온다. 저녁 식사를 잘했다고 생각했는데, '용' 그림 해석에 너무 집중한 까닭일까, 배 속이 텅 비었다는 느낌이 든다. '어쩌지? 벌써 자정이 지난 지도 한참인데~' 아내 수경은 잠든 지 이미 오래다. 괜스레 부엌에서 달그락거리다가 잠귀 밝은 아내를 깨우기도 좀 그렇다. 미안한 일이다. '애고, 참자. 참아야지.' 인규가 한 모금 정도 남은 커피를 마저 홀짝거린다.

왕이 될 사람이 다녀간 곳, 신라 왕가의 방문 기록

525년 가을, 신라 법흥왕 12년, 왕의 동생 사부지갈문왕과 어사추녀 랑왕이 서석곡에 오다.

　　엎드린 용 곁에 새겨진 원명과 추명은 천전리 글바위를 세상에 널리 알린 장본인이나 다름없다. 바위 앞 대곡천 2km 하류에 있는 반구대 암각화가 고래 그림으로 유명하다면 천전리 글바위는 신라 왕가의 사람들이 두 차례나 이 골짜기를 찾아와 남긴 원명과 추명이라는 명문으로 세간에 알려졌다.[37] 발견된 지 한 해 만에 천전리 글바위가 국보로 지정된 것도 두 명문 때문이라 해도 과언이 아니다. 인규는 두 명문의 판독과 해석을 둘러싼 논쟁을 살펴보다가 실제 일어난 일을 드라마의 한 장면으로 엮어보면 어떨까 생각해 본다. 역사의 현장을 보고 겪은 토박이도 있었을 법하다. 인규가 빈약하달 수도 있는 상상의 나래를 펴며 서재 책상 앞과 거실을 몇 차례나 오간다. 그러더니 1,500년 전 천전리 글바위 원명을 새길 당시 그 자리에 있었을 토박이를 억지 춘향 격으로 그려내고는 논문도 소설도 아닌 정체가 애매한 글을 한 자락 펼쳐 나가기 시작한다.

천전리 각석 원명(우)과 추명(좌)

그간 너무 많은 일을 겪었다. 아니, 보았다! 신께서 내가 보고 겪은 많은 일을 이 돌 위에 새기고 이 냇물에 말해 두라고 하신다. 글을 모르니 그림으로 남기고, 냇물에 말을 풀어 놓는다. 읽을 수 있는 눈은 읽고 들을 수 있는 귀는 듣게 되리라. 혹시나 미처 읽고 듣지 못하는 이도 있을까? 내가 길렀던 아이, 이제는 나처럼 머리가 허연 거루에게도 이야기보따리를 풀어 두려 한다.

천전리 각석 세선각화와 명문 실측도 중 원명(우)과 추명(좌) 부분(98쪽 실측도의 39-40, 54-55)

　　내가 작은 아이일 때 어느 가을 잘 차려입은 사람들 한 무리가 한님바위(마을 사람들은 한 해 한 번 이 큰 바위 앞에 와 소원을 빌었다) 앞으로 왔다. 서라벌에서 온 나리들과 귀부인들이었다. 임금님의 형제와 인척들이란다. 몇 안 되는 우리 마을 사람들은 멀리서 엎드리거나 숨어 힐끔거리다가 나리들께 불려가 이런저런 허드렛일을 거들었다. 저들은 우리도 가까이 가기 꺼리는 한님바위 앞에 아름다운 무늬의 멍석을 깔고 처음 보는 그릇들을 펼치고 음식 물까지 차려 놓았다.

　　마을 어른들과 나는 작은 임금님이라 불리는 어른, 마마님이라 불리는 귀부인, 대감, 마님으로 불리는 사람들에게서 한껏 떨어져 고개를 숙이고 눈을 내리깐 채 무어라 말씀이 더 있기를 기다렸다. 누구도 감히 힐끔거리지 못했다. 우리는 그저 부르면 나가고 아니면 뒤로 물러나 있었다. 땔감 줍고, 불 피우고 음식을 끓이고, 삶고, 굽고. 등줄기에 땀이 흘러 얇은 저고리가 마른 등짝에 바짝 붙었는지도 모른 채 조심스레 부지런 떨었다. 멍석자리 음식상을 앞에 두고 좌우에는 솟대 같은 것들이 세워졌다. 나리들과 함께 온 몇 중 하나가 흥얼거리는 듯한 소리를 내니 모두 이에 맞추어 절하고 일어났다. 흥얼거리는 듯한 소리와 절이 끝나자 한 무리는 자리에 남고 한 무리는 냇가로 내려갔다.

냇기에서 나리들과 그들의 머슴들이 우리를 부르기에 얼른 곁에 붙었다. 얼레? 멍석자리 앞에 있던 사람들 가운데 둘이 한님바위 앞으로 더 가까이 가는 것 아닌가. 그러더니 '쩡쩡, 깡깡, 사각사각' 순간 나와 마을 어른들은 눈이 튀어나오고 심장이 떨어져 나오는 줄 알았다. 다리가 후들거리고 무릎에 힘이 빠지는 바람에 냇가 자갈에 발이 미끄러진 어른도 있었다. 마을의 앞집 수돌 어른은 냇물 안에서 고꾸라지며 엎어졌다.

"저런, 저런, 저 사람들이 한님바위에 정을 대고 끌을 대네. 저 자리에서 벼락 맞아 죽으려고 환장을 했나? 제정신이 아니군."

아마, 나와 같이 일하던 마을 어른들 모두 입술로만 달싹거린 말일 것이다. 다들 얼이 빠진 채 그들이 하는 짓을 쳐다보았다.

일하는 사이사이 그들은 한님바위 앞에 절을 했다. 뒤에서 이들을 지켜보던 나리들도 연신 머리를 조아리며 무언가 중얼거렸다. 작은 임금님과 마마님은 그들 사이 한가운데 앉아 저들이 무언가 쪼고 새기는 과정을 지그시 바라보거나 눈을 감거나 하면서 역시 입을 달싹거렸다. 거리가 있어서 무어라 입을 달싹거리는지, 무엇을 읊조리는지는 알 수 없었다. 하여튼 그들은 한님바위와 무언가로 이어져 있는 듯했다. 저물녘 자리를 뜨면서도 그들은 다시금 바위 앞에 절을 하며 큰 소

원명 판독문과 해석문

원명 판독문	해석문
乙巳… 沙喙部葛… 文王覓遊來始得見谷 　　十　乙　　　十二道 之古來?无名谷善石得造書? 記?以下爲名書石谷字作之? 幷遊友妹聖德光妙於史 鄒女郎王之 □多煞作功?人尒利夫智奈… 悉得斯智大舍帝智□作食… □□智壹?吉干支妻居?知尸奚夫?… 眞?宍智沙干支妻阿兮?牟弘夫人 作書人慕﹔尒智大舍帝智	乙巳年(525년, 법흥왕 12년)~에 사닭부의 갈문왕께서 찾아 놀러 오셔서 처음으로 골짜기를 보시게 되었다. 옛날부터 이름이 없던 골짜기였는데, 좋은 돌을 얻어 쓸[書記] 수 있게 되니 이름 짓기를 書石谷이라 하시고 글자를 적게 하셨다. 함께 놀러온 友妹는 성스런 덕이 빛처럼 오묘하신[聖德光妙] 於史鄒女郎王이시다. □多煞作□(功?)人은 尒利夫智 奈(麻와) 悉得斯智 大舍帝智이며, □作食(人은) □□智 壹?吉干支의 妻인 □(居?)知尸奚 夫(人과) □(眞?)宍智 沙干支의 妻인 阿兮?牟弘 夫人이다. 글을 쓴 사람[作書人]은 慕慕尒智 大舍帝智이다.

리로 오랫동안 읊조렸다. 전혀 들어 보지 못한 노래 같기도 하고, 주문 같기도 했다. 그래서인지 그 소리나 분위기가 뇌리에 오래 남았다.

그들이 떠난 뒤 한님바위에다 무슨 짓을 했는지 알고 싶어 가까이 가려 했더니 어른들이 말렸다. 하긴 해도 뉘엿거리고 주변에 이상한 기운도 어른거리는 듯했다. 덜컥 겁이 나 주섬주섬 그들이 건네준 음식 보따리를 챙겨 들었다. 모두 못 볼 것을 본 듯 말없이 마을로 돌아왔다.

539년 가을, 신라 법흥왕 26년, 사부지갈문왕의 아들 심맥부지(진흥왕)가 어머니와 서석곡에 오다.

열네 번 여름이 가는 사이에 서라벌 나리들이 몇 차례 더 내가 사는 한님바윗골로 무리 지어 왔다. 하지만 작은 임금님과 마마님은 오지 않았다. 서라벌 나리들은 올 때마다 한님바위 앞에서 제를 지냈다. 그러나 그때처럼 한님바위에 끌을 대고 새기고 긋고 하지는 않았다. 솟대를 높이 세우고 노래 비슷한 것을 읊조리기는 예나 지금이나 마찬가지였다. 그러나 번잡하게 음식상을 차리느라 사람들을 여럿 불러 부리는 일은 없었다. 나는 그들이 올 때마다 혹 그때 그 위엄 있고 기품

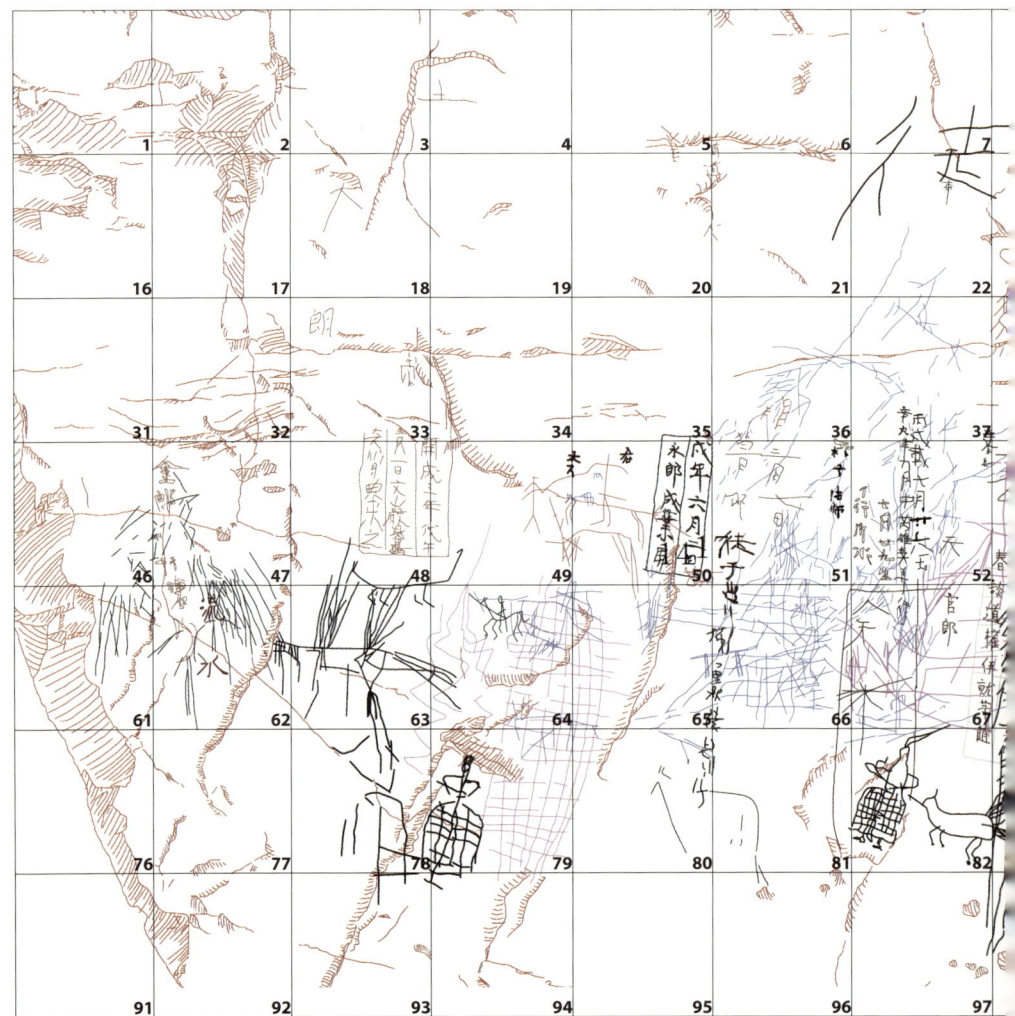

천전리 각석 세선각화와 명문 실측도 남면

있던 마마님이 같이 오는가 하여 먼발치서 그들을 흘끗거렸다. 하지만 마마님은 보이지 않았다.

기억이 가물가물하지만, 아마 첫 번째 행차로부터 열네 번째 가을이었을 것이다. 서라벌 나리들이 다시 이 골짜기에 왔다. 그들의 모습이 마을 입구에서 놀던 개구쟁이들 눈에 띄었다. 이번에는 이전보다

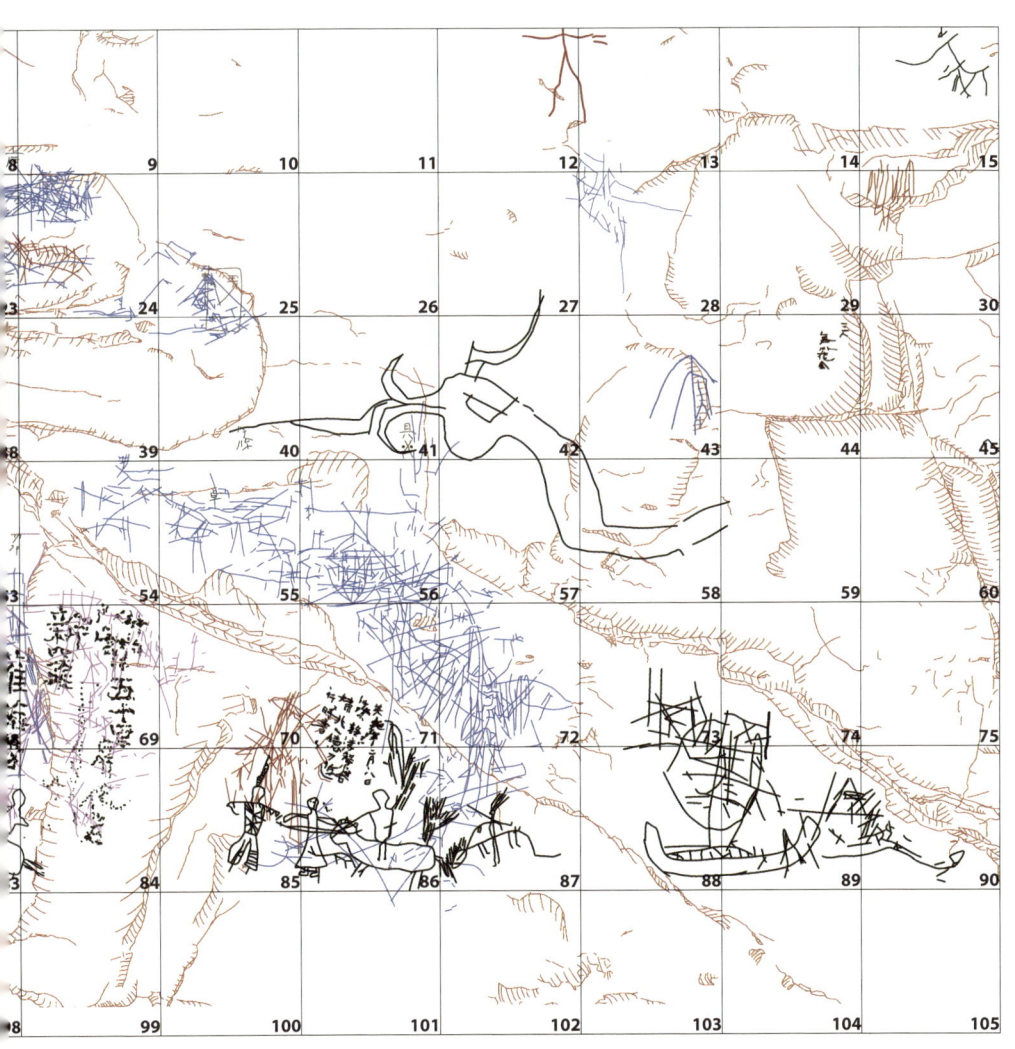

사람이 많았다. 게다가 지난번과 같이 잘 차려입고 기품 있는 마마님 같은 분이 여럿 같이 왔다. 서라벌 나리들이 이분들 가운데 두 분과 왕자님처럼 좋은 옷을 입은 한 아이에게는 특별히 공손했다. 지난번 마마님은 여전히 보이지 않았다. 무슨 일이 있었는가? 이번에는 짐꾼들도 많았다. 뭔가 많은 것을 보따리에 쌌기 때문이리라.

모든 절차는 지난번과 거의 같았다. 나와 마을 사람들도 나리들에게 불려갔다. 나리들이 데리고 온 머슴들과 같이 땔감 모으고 불 피우며 음식 거리를 다듬고 끓이고 굽고 삶고 찌는 것을 도왔다. 머슴들이 나리들 명을 받아 솟대를 세우고 넓은 멍석자리를 깔고 음식상을 차렸다. 우리는 냇가 건너 너럭바위에 서서 그들이 하는 일을 지켜보았다.

새 마마를 중심으로 나리들이 서고 제(祭)를 올리며 노래를 읊조렸다. 그들이 피운 향이 한님바위 주변에 짙게 어렸다. 하늘은 맑았지만, 향의 기운이 자욱한 한님바위 둘레에는 뭔가 다른 신기가 어렸다. 우리 마을에서 해마다 치르는 하늘제와는 차림이나 소리, 치장거리 등이 모두 달랐다.

아니나 다를까 이번에도 제를 마칠 즈음 사람 둘이 음식상 앞으로 나섰다. 그러더니 끌로 한님바위에 무언가를 긋고 새기기 시작했다. 한 번 겪은 일이지만 우리는 다시 겁에 질렸다. 마른하늘에 벼락이 쳐 그들의 머리 위로 떨어질 것만 같았다. 가슴이 콩닥거리고 머리도 어찔거렸다. 입술도 바짝바짝 타들어 갔다. 하지만 정작 그들은 아무렇지도 않은 것 같았다.

나리들은 머리를 흔들며 소리를 읊조렸다. 바위에 대고 절을 한 뒤 바로 서서는 다시 어깨를 흔들거렸다. 새 마마가 한가운데 앉았지만, 미동도 하지 않았다. 그냥 돌로 만든 상처럼 앉아 있었다. 왠지 쓸쓸한 기운이 주변에 어렸다. 한참 만에 긋고 새기는 일이 끝났다. 저들

천전리 각석 세선각화와 명문 실측도 계해명과 행렬(136쪽 실측도의 70-72, 85-87)

이 자리 앞에 모이더니 한 번 더 절을 하며 소리를 읊조렸고 솟대를 흔들었다.

　그들이 떠난 다음 날 아침 나는 몰래 혼자 집에서 나왔다. 작은 벌 하나를 건너 한님바윗골로 갔다. 너럭바위 앞에 서서 한참 망설이다가 크게 숨을 한 번 들이쉬고는 내를 건넜다. 한님바위 앞에 섰다.

　'어르신, 여긴 불에 오랫동안 그슬린 듯싶습니다. 무슨 일이 있었을까요?'
　'글쎄, 이 앞에서 제를 올린 것 같네. 희생을 올리거나 찜이며 데운 술 올리려 애쓴 것 같기도 하고~.'
　'그럴 수도 있겠군요. 이 아래쪽에서 불기운이 세게, 오랫동안 올라온 듯싶습니다. 돌이 물고기 비늘처럼 벗겨졌네요. 어쩌시렵니까. 새긴 게 반듯하게 네모지게 나오지 않아도 그냥 글을 새길까요. 어르신

추명 판독문과 해석문

추명 판독문	해석문
過去乙巳年六月十八日昧沙喙 善 部徙夫知葛文王王妹於史鄒女郎 王共遊來以後□□十八□□過□妹王考 妹王過人丁巳年王過去其王妃只沒尸兮妃 天 愛自思己未年七月三日其王与妹共見書石 叱見來谷此時共王來 另卽知太王妃夫乞? 夫 支妃徙夫知王子郎深□夫知共來此?時□ 作□□喙部□礼夫知□干支 □六知 仇良 居伐干支□乙□□知奈麻□食人眞 宍智波珎干支婦何□牟呼夫人□夫知居伐干支婦 □利等□夫人□□□□干支□沙□□夫人分共作之	지나간[過去] 乙巳年(525년) 6월 18일 새벽에 사닭부의 徙夫知葛文王과 王妹인 於史鄒女郎王께서 함께 놀러 오신 이후 □□十八□□이 지나갔다. 妹王을 생각하니 妹王은 돌아간 사람이라, 丁巳年(537, 법흥왕 24년)에는 王께서도 돌아가시니[過去], 그 왕비인 只沒尸兮妃가 애달프게 그리워하시다가 己未年(539, 법흥왕 26년) 7월 3일에 그 왕과 누이가 함께 보고 글을 써놓은 돌을 보려고 골짜기에 오시었다. 이때 함께 여러 왕 오시니, 另卽知太王의 妃인 夫乞?支妃와 徙夫知王의 子郎이신 深□夫知께서 함께 오셨다. 이때 □作□□은 닭부의 □礼夫知 □干支와 □六知 居伐干支, □乙□□知奈麻이며, □食人은 眞宍智 波珎干支의 婦인 何□牟呼 夫人과 □夫知 居伐干支의 婦인 □利等□ 夫人, □□□□干支의 □(婦)인 沙□□ 夫人이 나누어 함께 지었다.

께서 주신 글대로 새기기에 좁지도 넓지도 않을 듯싶습니다.'

'그렇게 하시게. 저 석공 돌뫼로 하여금 글대로 내되 돌 껍질이 벗겨졌건 말건 내리 줄지어 새기라고 하시게.'

'예. 어르신 말씀대로 하겠습니다. 여기 이 말이며 사람 모습도 깎아 내고 글이며 그림이며 새로 글 새기는 칸 안에 들어온 것은 다 벗겨 내도록 하지요. 그런데, 글을 다 새겨도 여기 바깥쪽에 말과 사람이 좀 남을 수도 있는데, 아예 다 벗겨 낼까요. 남은 것 때문에 새긴 글 둘레가 보기에 좋지 않을 수도 있겠습니다.'

'아니야. 그대로 두시게. 글도 그림도 가운데가 없으면 쓸모가 없

네. 이들의 세상이 지난 지도 오래되었으니 가운데만 없애도 될 것이야.'

'예, 그럼 말씀대로 일을 시작하겠습니다. 글을 새기라고 하지요.'

병풍처럼 늘어선 산자락으로 성스러운 바위 앞은 그늘진 시간이 길다. 해가 큰 바위 머리에 있는 오전 한 시간 정도만 볕도 들고 그늘도 없다. 바위 앞 내로 말미암아 바위 주변은 덥지 않다. 물이 많이 불어 흘러내리는 소리가 제법 시원스럽다. 돌뫼가 부지런히 글을 쪼면 병풍산 위에 해가 걸리기 전에 마칠 수도 있다. 이파지가 돌뫼에게 일의 앞뒤를 이른다.

'이 그림과 글자를 쪼아 낼 때마다 힘이 떨어지는 게 느껴질 걸세. 이 형상이 이지러지면 상에서는 핏방울이 맺힐 게야. 비록 글자가 금강석처럼 단단해져 정 끝을 무디게 하더라도 끝까지 쪼아내야 하네. 기운이 떨어진다고 멈추면 글이 사람을 이겨. 다시 쪼아 낼 힘이 올라오지 않을 걸세. 그러면 사방에서 차고 습한 기운이 일어나 자네를 덮을 게야. 멈칫거리면 안 되네. 힘이 내려가면 소리 내어 알지신을 부르시게. 비록 신들끼리 힘을 겨룰지라도 움직이는 건 사람이요, 사람의 손과 발이네. 끝까지 버티시게. 목숨 건다고 마음먹고 끝까지 쪼아 내야 해. 이 일을 이룰지 말지는, 자네에게 달렸어.'

돌뫼는 표정도 말도 없이 제가 할 일을 머리에 넣는다. 고개를 흔들지도 끄덕거리지도 않는다. 가만히 선 채 귀만 열어 놓은 듯이 보이기도 한다. 이제 곧 쩡쩡하며 돌뫼의 정 끝에서 돌조각이 깨져 나가는 소리가 골짜기를 울릴 참이다. 모두 약간은 긴장한 표정으로 바위 앞에 쪼그리고 앉는 돌뫼의 뒤통수를 본다.

돌뫼는 눈이 가물거리지만, 정에서 손을 떼지 못한다. 눈을 비비고 싶어도 쪼아내기를 멈추지 못하니 더 힘이 빠지는 듯하다. 아침을 든든히 먹었건만 속이 허하고 기운도 나지 않는다. 평소 일 나가도 두 끼면 거뜬했다. 오늘은 아침도 제대로 차려 들었는데, 어찌 이리 빨리 기운이 떨어지는지 알다가도 모를 일이다. 이제는 머리까지 어찔어찔하다.

돌뫼가 스승인 알사 어른이 늘 하시던 말씀을 머리에 떠올리며 아랫입술을 문다. '이보게, 바위에 정 대면 끝까지 가고 멈추지 말아야 하네. 누르듯이 쪼아 내 정이 튕겨 나오지 않게 해야 하네. 자네도 잘 알지? 수정동굴에서 일할 때 그렇게 하지 않았나? 돌 아닌 쇠나 그보다 더한 것을 쪼아 내도 마음과 손끝에는 힘을 주되 마치로 내리칠 때는 부드럽게 타령 풀어내듯이 해야 하네. 정 끝이 조금씩 떨어져 나가는 걸 느낄 걸세. 그래도 계속하게. 혹 기운이 떨어지는 것 같으면, 기운은 또 올라 와! 이렇게 속으로 말하며 다짐하게. 꼭 끝까지 가야해, 아니면 크게 동티를 입는다네, 하여튼 시작하면 끝까지 가!'

아침 안개가 온전히 가시지 않아서인가? 옷깃에 이슬이 맺히고 수염 끝에서는 물방울이 대롱거린다. 한기가 몸을 파고들지만, 정과 마치는 뜨끈뜨끈하다. 이 일 때문인지 해가 구름에 가려 온기를 내지 못한다. 바위 앞으로는 바람 한 줄기 불어오지 않는다. 바위 앞 내에서 번져 나오던 물소리도 잦아든 지 이미 오래다. '쩡쩡' 돌뫼가 마치로 정 때리는 소리만 정적을 깬다. 글자 하나하나에서 작은 돌조각들이 반짝거리며 튕겨 나온다. 침 삼키는 소리도 들릴 듯 주변이 고요하다. 정 소리만 쩡쩡거린다. 파란 불꽃이 일며 돌조각들이 떨어져 나간다.

박 씨, 석 씨, 김 씨 가문 사람들이 차례로 신라 왕위에 오르다.

글 한 자락을 겨우 마치자 인규가 의자에서 일어난다. 커피 내리기가 마땅치 않은지 부엌 선반에서 아주 진한 인스턴트커피 막대 봉지 하나를 꺼내더니 뜯어서 커피잔에 털어 넣는다. '자, 이제 둘째 자락이다. 갈문왕 일행이 오기 오래전에 박 씨와 석 씨 왕가 사람들도 차례로 이 바위를 찾았다는 이야기부터 써야겠군.' 자신에게 다짐하듯 중얼거리며 다시 서재 책상 앞으로 돌아온 인규가 토닥토닥 천천히 컴퓨터 자판을 두드린다. 아내 수경의 눈에 인규는 새로 얻은 낡은 레고로 얼기설기 해적모자를 조립하는 8살짜리 초등학생이다.

한님마을 글바위에 사람의 발길이 처음 닿은 때는 언제일까? 서라벌에서 온 사람들은 이 신비한 바위로 그들을 이끈 신이 혁거세를 이 땅에 보낸 바로 그 하늘신이라 믿었다. '보시게. 이것은 하늘신들의 말씀이야. 하늘에서 내려와 직접 그분들의 손으로 새긴 말씀이란 말일세.'

그들은 신의 글자들로 가득한 이 바위가 왕실의 안녕과 직결되었음을 한눈에 알았다. '하늘신이 혁거세 대왕의 이야기를 이 바위에 담아 두라고 하시네. 이 바위에 새기면 바로 그 말이 하늘 거울에 떠오를 걸세. 하늘 책에도 쓰이고 말이야. 이제 우리 왕실은 말 그대로 단단한 바위 위에 세운 돌집이니 그 끝을 알 수 없게 되는군. 우리 왕가는 이제 영원해진다는 말일세.'

서라벌의 박 씨 왕가 사람들은 이 신비한 바위로 들어오는 길 끝 심리 안을 신이 내려오는 골짜기라며 선돌을 세웠다. 돌에는 그들이 서라벌에 들어오기 전부터 쓰던 무늬 글을 새겨 아무도 그 안으로 들어서지 못하게 했다. 그래도 못 미더워 다시 그 오리 바깥에 골말이라 이름 붙인 작은 마을을 만들어 사람들이 그 둘레의 벌에서 농사짓고 살면서 이 골짜기를 지키게 했다. 위로 열 집, 아래로 열 집에 이르는 마을 사람들은 스스로 바위 마을이라 이름 붙였다.

왕가가 바뀌었단다. 잇금으로 새 왕이 정해졌으니 하늘의 뜻을 따른 것이라고 했다. 떡을 물어 잇금을 셌다고 했다.[38] 그러나 누가 그 말을 곧이곧대로 듣겠는가. 말이 흐르다가 동티가 날까 다들 쉬쉬했을 뿐이었다. 그래도 서라벌 바깥에서는 잇금 이야기가 먹혔는지 새로 촌장을 뽑을 때 잇금을 읽자는 말이 돌았다고 했다.

새 왕이 보냈다는 사람들이 서라벌에서 왔다. 바위마을 촌장은 혹 트집 잡힐까 봐 속으로 벌벌 떨면서 공손한 태도로 왕가 사람들을 길잡이 했다. '그 바위가 여기서 얼마나 먼가?' 왕가 사람 가운데 한 사람이 이 말을 꺼내는데, 갑자기 곁의 사람 하나가 기겁을 하며 그 사람의 소맷부리를 잡는다. 모두 그가 가리키는 골짜기 안쪽으로 눈길을 돌린다. '범이다!' 순간 말을 잃고 그 자리에서 얼어 버린다. 수백의 몰이꾼이나 잘 무장한 군사 수십이 이들 곁에 있는 것도 아니니 멍하니 그 자리에 서 있을 수밖에 없다. 범이 지그시 이들을 쏘아보더니 고개를 돌려 천천히 골짝 안쪽으로 사라진다.

새 왕가인 석 씨 가문의 사람들이 박 씨 왕가의 신성한 바위가 있다는 바윗골로 들어가 보지도 못하고 서라벌로 되돌아가자 바위마을은 다시 예전으로 돌아갔다. 마을을 통째로 서라벌에서 먼 어딘가로 옮겨 버리는 일도 일어나지 않았으니 얼마나 다행스러운 일인가. 촌장과 마을 사람들은 범이 나타났던 자리에서 백 보쯤 떨어진 곳까지 가 정성스레 제를 올렸다.

"산신령이 틀림없어. 혁거세 대왕신이 보냈겠지. 아무리 새로 왕의 자리에 올랐다고 해서 이 나라를 세운 첫 임금이 계신 곳에 함부로 들어가려 하다니, 하늘을 거스르는 일이야. 그러니 산신령이 오신 게지. 여기까지다. 하고 말이야. 우리도 한 해 한 번 제 올릴 때 말고는 근처에도 가지 않는데, 거기에 설렁설렁 그냥 들어가려 하다니. 대왕신이 호랑이 모습으로 오셔서 발걸음을 더 내딛지 못하게 하신 것이네. 참 다행이야."

　　서라벌에서 왕가가 또 바뀌었다고 한다. 이번에도 잇금으로 새 왕이 정해졌다고 한다. 새 왕은 혁거세 대왕의 후손이라고 했다. 백성들 사이에서는 더는 수군거림이 없다. 그저 그러려니 해야 한다고 여기는 듯했다. 혁거세 대왕의 후손이라니 그렇겠지 하는 식이다. 새 왕가의 사람들은 바윗골로 오지 않았다. 바위마을에 들러 이것저것 서라벌 것과 바위마을 것을 바꾸어 가던 봇짐장수는 서라벌 왕가에 '바윗골에는 커다란 기와집 한 채만큼 큰 범들이 무리 지어 다니니 근처에 얼씬거리지 않는 것이 좋다.'는 말이 돈다고 했다.

　　바위마을 사람들은 마을 입구 큰 터 동쪽에 마을과 바윗골을 지켜주는 산신령을 위한 사당을 세웠다. 사당 안에는 큰 범 모양의 상을 세우고 철마다 산신제를 올렸다. 바윗골 신성한 바위 건너에서는 이전처럼 해마다 한 번 큰 제를 올렸다. 바위마을 사람들은 서라벌 나들이도 하지 않았다. 십 리 바깥의 이웃 마을 두 곳 정도가 바위마을 사람 발길이 닿는 바깥세상 전부였다.

　　바위마을에 서라벌에 큰 변고가 있었다는 소리가 또 들렸다.[39] 나라가 뒤집어졌다고도 했다. 모두 그런가 보다 했다. 이제 그런 일은 바위마을과 아무런 관련이 없다. 왕가가 뒤집어지든 새로 세워지든 누구도 바위마을에 와서 이래라저래라 할 수 없다. 산신령이 두 눈 부릅뜨고 지키는 마을인데, 새 왕가가 서면 어떻고 옛 왕가가 다시 서면 또 어떤가? 혁거세 대왕신이 보낸 사자들이 마을을 지키고 바윗골에 진을 치고 있으니 걱정할 것이 없다. 다들 이전처럼 농사짓고 열매 따거나, 뿌리 캐고 짐승 잡을 덫을 놓으며 물고기 잡을 통발을 칠뿐이다.

봇짐장수 거추가 바위마을에 오더니 "알지신이라는 하늘신의 자손들이 서라벌에 새 왕가를 세웠다오. 혁거세 대왕신에 밀지지 않는 큰 어른이 임금 자리에 앉으셨답니다." 한다.

"그래요!?" 촌장의 대답이 심드렁하다.

"그런데, 알지신 자손들은 아주 무서운 사람들이라오. 서라벌 토박이들과는 달라요. 하늘에서 내려온 사람들이 틀림없어요."

"왕가 사람들은 다 무섭지. 박힌 돌이나 굴러온 돌이나 거기서 거기지. 우리가 자갈돌이면 그분들은 바윗돌이고. 다 그렇지 뭐요. 아무리 그래도 혁거세 대왕신이 신 중의 신 아니오?" 촌장이 호기심이 당기는지 말끝을 살짝 올린다.

"아무튼, 무서운 사람들이요. 그러니 이전 왕가 사람들이 두말하지 않고 임금 자리를 내놓았지, 아니면 또 잇금이니, 뭐니 했겠지요. 이번에는 그런 말도 없었다지요, 아마."

처음 알지신 가문의 자손들이 신라의 경계에 나타났을 때, 서라벌 왕가에서는 별다른 관심을 기울이지 않았다. 수도 적었고 저들 스스로 변방살이를 자청했기 때문이었다.[40] 서라벌 왕가에서는 이들이 신라의 경계에서 문지기 역할을 맡는 것을 조건으로 새재 언저리 백여 리 땅을 새 삶터로 내주었다. 관문은 두었으나 수자리 병사들이 수시로 달아나는 곳이어서 나라에서도 골머리 앓던 땅이다. 나라 바깥에서 오는 이들도 한 번씩 그곳을 기웃거리니 수자리 병사를 아예 두지 않기도 곤란한 곳이었다. 관문 안쪽 백 리 어간에 또 하나의 큰 성채가 있으니 저들이 혹 딴 맘을 먹어도 내쫓으면 그만이다. 어떤 셈으로도 손해가 아니었다.

혁거세 가문과 탈해 가문 사이에 왕위 다툼이 있자 몇몇 귀족들이 변방의 알지 가문 자손 몇을 서라벌에 들어오게 하였다. 싸움에 능한 자들이라는 소문대로 그들은 혁거세 가문이 다시 왕가가 되게 하는 데에 큰 역할을 하였다. 서라벌 안팎에서 창칼이 날카롭다는 평이 자자했던 탈해 가문 병사들도 알지 가문 자손들에게는 상대가 되지 않았다. 바다에서 온 대장장이 신의 자손들도 하늘에서 온 큰 산 대장장이 신의 자손들이 휘두르는 단단하고 날카로운 창끝과 칼날을 당해 내지 못했다.

    길이 한 번 열리자 알지 가문의 자손들이 잇달아 서라벌 안으로 들어왔다. 서라벌 왕가뿐 아니라 귀족 가문에서도 다투어 이들을 끌어들였다. 알지 가문의 자손들은 그들을 불러들인 자들에게 충직했다. 알지 가문 자손을 거느린 왕가나 귀족의 인물은 다른 가문에서 자객을 보낼까 염려하지 않아도 되었다. 싸움을 업으로 삼던 자들의 눈을 피해 몰래 집안에 발을 딛기는 쥐가 고양이 귀에 안 들리게 마루 밑을 기어 다니기보다 어려웠다. 그러나 알지 가문의 자손들이 서로에게 칼이나 창을 들이대는 일은 없었다. 이들은 몰래 사람에게 다가가 칼을 휘두르는 것도 수치스럽게 여겨 자객으로 다니는 일도 하지 않았다.

    알지 가문의 자손들이 신망을 받자 혁거세 대왕의 후손들 몇이 이들 가운데 몇을 가야 나라들과 다툼이 있던 서남쪽의 변방 지기로 보내려 했다. 이들은 기꺼이 낯선 땅으로 갔다. 그러더니 두 해가 채 지나지 않아 나라 경계의 작은 가야 나라 두엇을 쳐 신라에 속하게 했다. 당연히 새 땅, 새 백성은 이들의 소관이 되었다. 혁거세 가문의 자손들이 알지 가문 자손의 세력을 더 키운 셈이 되었다. 범 새끼를 마당에 들인 뒤, 토끼와 노루를 내놓아 열심히 먹인 꼴이 되었으니 서라벌 왕가가 바뀌기는 시간문제가 되고 말았다.

김알지 가문 사람들이 서석곡 큰 바위를 찾아오다.

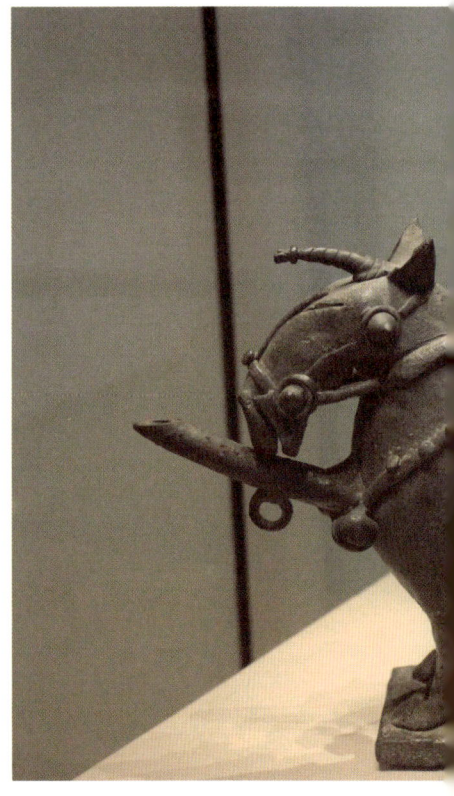

오래전 일이다. 서라벌 나리들이 한님바위로 찾아와 제를 드리기 전, 아주 오랜 옛날 일어난 일이다. 마을 사람들의 할아버지의 할아버지, 그 할아버지의 할아버지 때 이야기다. 바위마을 사람들과는 생김도, 차림도 다른 한 무리의 사람들이 마을로 왔다. 저들도 서라벌에서 온 것 같았지만, 마을 사람들이 알고 있던 여느 서라벌 사람들이 풍기는 것과 다른 분위기가 저들을 둘러싸고 있었다.

'이곳에 있다는 신성한 바위를 지금도 산신령이 지키시는가요?'

'예, 그렇습니다요.'

'그럼, 산신령이 나오셨다는 그곳에서 지키시나요?'

'아니요, 그렇지는 않지만 늘 성스러운 바위 근처에 계십니다요.'

'해마다 제를 올린다는 데 그럴 때는 어떻게 하시던가요?'

'저희를 지켜보시기는 하지만 모습은 보이지 않으십니다.'

'그럼, 보고 계시는지는 어떻게 압니까?'

'알지요. 우리가 보지 않아도 누가 곁에 있는지 알듯이 그렇게 압니다.'

'옛적에 길 앞에 서 계셨다는 산신령을 더는 뵙지 못했군요. 제를

기마인물상 모양 토기(국립중앙박물관)

갑주무사 모형(국립중앙박물관)

기마인물상 모양 토기 인물 상체(국립중앙박물관)

올릴 때 말고 언제 글바위로 갑니까?'

'가지 않지요. 가서도 안 되고요.'

'그 근처로 나무하러 가거나 나물 캐러 가지도 않습니까?'

'물론이지요. 얼씬도 않습니다요. 산신령이 지키셨던 그 자리에서 천 보 거리까지 나온 곳 정도까지만 가지요. 그 정도 거리에서도 산신령의 눈이 보이는 것 같다오. 사냥 데리고 다니는 개도 버티며 오줌을 지리는데, 어찌 그보다 안으로 가겠습니까?'

나중에 안 일이지만, 바위마을에 나타난 사람들은 풍문으로만 듣던 바로 그 사람들이었다. 알지신을 섬긴다는 새 왕가 사람들이었다. 이들은 마을 사람들이 알던 보통의 서라벌 사람들과 달랐다. 허우대가 컸고 이목구비가 뚜렷했다. 코는 오뚝했고 눈초리는 길게 좌우로 뻗었으며 광대뼈가 두드러졌다. 얼굴 생김이 뭉글뭉글한 서라벌 토박이들과는 한눈에 구별되었다. 말수는 적었고 맺고 끊는 것이 정확했다.

처음 이들과 마주쳤을 때 느끼게 되는 만만치 않은 기운은 서라벌 안팎에서는 겪어 보지 않은 특별한 무엇이었다. 바위마을 사람들도 엎드려 숙였던 고개를 감히 들기 어려웠다. 저들이 허리에 두른 가죽 띠도 눈길을 끌었다. 작은 칼, 숫돌, 쇠뿔 모양의 잔 같은 것이 달려 있었다. 저들이 땅에 코 박고 살던 토박이들과는 사는 방식도 다르다는 것을 알 수 있었다. 그들에게는 묻거나 답할 때 마주한 사람들을 긴장시키는 무엇이 있었다. 콕 집어 설명하기는 어려운 그런 힘이다. 그들 중의 한 사람이 운을 뗀다.

"갑시다."

토박이들과 억양이 달라 단호한 명령처럼 들리는 그런 말이다. 갑작스럽게 제를 올리는 것도 그렇지만 성스러운 바위 앞으로 가는 것이 두려운 마을 사람들이 바짝 긴장하며 지게에 짐을 올리고 불씨 그릇을 받쳐 들며 길 떠날 채비를 마친다. 촌장과 아들이 길잡이가 되어 앞장서고 왕가 사람들이 그 뒤를 따른다. 마을 짐꾼과 차림꾼들이 행렬 끄트머리에서 자못 무겁게 걸음을 옮긴다.

알지신의 자손이라는 이 사람들의 얼굴에는 표정이 드러나지 않지만 마을 사람들 얼굴은 긴장이 가득하다. 성스러운 바위로 가는 좁고 고불거리는 길이 저벅거리고 부스럭거리는 소리로 채워져도 말소리는 들리지 않는다. 갑자기 장끼 한 마리가 풀숲에서 튀어 오르며 푸드덕거린다. 장끼 쪽으로 얼굴을 돌리는 이가 아무도 없다. 갈대와 쑥대, 관목이 길을 덮은 지 오래인 듯 앞으로 나갈수록 길이 보이지 않는다. 초목이 너무 무성하여 길 끝이 희미해지자 길잡이로 나선 촌장 부자의 걸음도 더뎌진다. 문득 이들 뒤로 왕가 사람들을 따라온 젊은이 서넛이 빠르게 따라붙는다. 그들이 익숙한 솜씨로 칼날이 긴 창대 비슷한 것을 휘둘러 길섶 잡목과 갈대 따위를 베어내자 다시 길이 넓어지고 일행의 걸음도 빨라진다.

바위 마을 앞을 지나 성스러운 바위 쪽으로 흘러드는 내에는 물고기가 많다. 통발 하나 걸쳐 두고 반나절만 기다려도 그 안에 소년 팔뚝만 한 물고기가 가득하다. 십여 리 바깥의 이웃 마을 앞 내에 걸어둔 통발에 10여 마리 들어오면 바위 마을 내 통발 안에서는 50여 마리가 넘는 팔뚝치들이 펄떡이고는 한다. 내에서 잡은 물고기는 박속같이 살이 희고 상큼하고 시원한 돌배 향을 풍겼다. 내에서는 가재도 버글거렸다. 솥뚜껑만 한 돌 하나만 젖혀도 어른 두 손가락 크기의 가재가 바글거렸다. 오랫동안 그래서인지 바위마을 사람들은 내에 물고기와 가재가 바글거려도 당연시했다. 아이들이 돌 되기 전에 죽지 않고 쑥쑥 탈 없이 자라도 그러려니 했다.

알지왕가의 사람들은 조금도 머뭇거리지 않았다. 서두르지도 않았다. 천천히 주변을 둘러보면서 흐트러짐 없는 걸음으로 앞으로 나갔다. 뒤를 따르던 짐꾼과 차림꾼들은 발이 무거웠다. 마음이 저러하니 저절로 조금씩 멈칫거리게 된다. 범이 나타났던 자리에 가까워지니 왕가 사람들과 마을 사람들 사이의 거리가 더 벌어진다. 제 올릴 때가 아님에도 불구하고 범의 모습은 보이지 않는다. 마을 사람들이 속으로 안도의 한숨을 쉬며 그제야 발을 재게 놀리기 시작한다. 마을 사람들이 멈칫거리건 서두르건 왕가 사람들은 누구도 이들에게 신경 쓰지 않는다. 뒤돌아보며 재촉하는 눈길도 보내지 않는다. 젊은이들과 함께 길 내기에 바쁜 촌장 부자는 뒤에서 무슨 일이 벌어지는지 신경 쓸 여가가 없다.

범이 앉아 기다리던 그 자리가 사실상 마을과 바윗골 사이 경계였으므로 촌장 부자가 잠시 그 자리에 선다. 그러더니 바윗골을 향해 무릎 꿇고 절을 올린다. 이들이 세 번이나 머리를 조아리며 절을 마칠 즈음 왕가 사람들이 경계에 이른다. 그들도 잠시 서더니 주변을 둘러본다. 곧이어 우두머리로 보이는 사람이 촌장 부자에게 앞으로 나아가라는 눈짓을 한다. 경계석으로 세워진 선돌 아래쪽은 이끼가 겹겹이 덮였다. 뜻을 알기 어려운 무늬들이 선돌에 새겨졌지만 바람에 깎이고 눈비에 씻긴 지 오래라 흔적만 희미하다. 마을 사람들도 선돌이 언제 세워지고, 무늬가 언제 새겨졌는지 알지 못한다. 아마 호랑이 모습으로 나타난 산신령에게 함부로 그 너머로 발길을 넣지 않겠다는 약속을 글과 무늬로 새기며 세운 선돌이리라.

젊은이 서넛이 부지런히 길을 내는 가운데 모두 바윗골로 눈길을 돌린다. 선돌 너머 길이 희미한 선을 이루고 그 주변에 아지랑이처럼 피어오르는 것이 덩어리지듯 모여 내처럼 흐른다. 초목이 무성하여 길을 가렸는데도 기운의 흐름 사이로 걸음 줄은 뚜렷이 바윗골 쪽으로 뻗어 간다. 왕가 사람 우두머리의 눈짓이 있자 일행이 다시 앞으로 나아간다. 바윗골 내가 길 곁을 흐르며 맑고 가벼운 소리로 침묵의 무게를 덜어준다. 이제 사오백 걸음 더 가면 성스러운 바위 앞이다. 문득 내가 넓어진다.

짙은 회색 바위절벽 앞 너럭바위에서는 제상 차림 준비가 한창이다. 갑작스럽게 제를 올리게 되었다지만 갖출 것은 갖추어야 한다. 차림꾼들의 손길이 조심스럽고도 바쁘게 움직인다. 왕가 사람들은 내 건너 큰 바위 앞에 한참 서 있더니 서너 갈래로 나뉘어 큰 바위 아래, 위로 사라진다. 큰 바위 너머 언덕배기 쪽은 수풀이 빼곡하여 헤쳐 들어가기 어려운 곳이다. 그럼에도 왕가 사람들은 순식간에 그 사이로 사라진다. 여유 있게 천천히 걷던 그들의 모습은 온데간데없다. 전투나 사냥에 나선 전사처럼 눈 깜짝할 새도 없이 숲 뒤로, 내 아래로 흩어진다. 너럭바위와 큰 바위 사이를 흐르는 내가 큰 바위 아래로 내려가며 짧게 굽이치며 작은 소용돌이를 이룬다. 물 내려가며 휘도는 소리가 사람들 귀에 '윙윙'거리며 소용돌이치는 큰 물가에 있는 것 같은 착각에 빠지게 한다.

마립간시대, 신라 왕가의 사람이 된 고구려 공주가 서석곡을 찾다.

바윗골은 거지벌에서도, 서라벌에서도 제법 거리가 있는 곳이다. 골이 깊고 숲도 울창하며 기암괴석이 늘어서 나무꾼도 다니기 꺼리는 곳. 소리도 빛도 새어 나가지 않을 것 같은 기이한 느낌으로 가득한 골짝 속에 한 무리의 서라벌 사람들이 와 있다. 몇은 바위 앞에 섰고 다른 몇은 바위 앞 내 건너 너럭바위에 모여 있다. 내가 흐르는 맑고 부드러운 소리 말고는 바람 한 점 없이 고요하다. 햇빛도 소리 없이 내와 바위 둘레를 감싸고 있을 뿐이다.

선화는 이 바위가 좀 특별하다는 느낌을 받는다. 고구려의 졸본에서도 이런 느낌을 주는 바위 앞에 선 적이 있다. 신궁 뒤편 작은 언덕배기 위에 이런 느낌을 주는 바위 하나가 있었다. 이 바위처럼 넓고 편평했다. 약간 기운 채 서 있는 것도 비슷하다. 다만 그 바위에는 아무것도 새겨지지 않았고 이 바위보다 아주 작다. 어미 신녀는 그 바위 안에 신이 계시다고 했다. 이 큰 바위 안에도 신이 계실까? 어떤 분이 계실까? 잠들어 있으신가? 깨어 우리를, 나를 보고 계신가?

선화는 글바위를 호위하듯 그 앞에 머리를 쳐들며 곧추선 바위 하나로 눈을 돌린다. 사람 하나 앉아 있기 딱 좋은 바위다. 잠시 그 바위에 올라가 앉았으면 싶다. 바위 위에 안개처럼 부옇게 기운이 모여 있다.

"이 큰 바위를 마주 보는 자리로구나."

바위 밑동에도 희부연 기운이 한 바퀴 둘렀다. 얼핏 보면 물 위로 피는 안개다.

"조리야, 여기 이 작은 바위에도 이름이 있더냐?"

"잠시, 기다리소서."

조리가 몸을 돌리더니 급히 글바위 가까이에 있는 돌계단을 오른다. 선화가 혼잣소리 비슷하게 '그냥 기운바위라 이름 붙이면 되겠네.' 하는데, 조리가 다시 글바위 옆 돌계단을 빠른 걸음으로 내려오더니 선화 앞에서 머리를 조아린다.

"그 바위에는 아무 이름이 붙지 않았다 합니다."

선화가 웃으며 답한다.

"그렇구나."

굳이 들여다보지 않아도 글바위에 무엇이 남겨졌는지 알 것 같다. 글이며 기호가 바위 살을 깊이 파고든 까닭에 조금 떨어진 자리에서도 한눈에 보인다. 바위가 받아들인 채 견뎌내고 있는 것이 무엇인지 알 수 있었다.

"이것이 사람들이 말하는 알지바위로구나."

지금 이 나라 신라를 다스리는 김 씨 왕가 사람들이 어디서 왔으며 서라벌 새 땅에서 어떻게 살려 했는지가 이 바위에 새겨져 있다. 저들의 조상들이 지녔던 의지가 이 바위에 단단히 박혀 있다. '영원히 왕족으로 살기를 꿈꾸는 자들, 백성들 위에 있기를 원하는 자들.' 바위에 깊이 새겨진 기호 사이에 한 얼굴이 있다. 저가 알지인가? 이 덩어리진 기호들도 지금 이 왕가의 조상들이 새겼음이 확실하다. 처음 온 자들, 뒤에 온 자들 이야기가 한 바위에 엉켜 남아 있구나.

선화가 바위에 살짝 귀를 대 본다. 소리가 들린다. 처음 온 자들이 다시 오고 또 왔다. 글바위는 김 씨 왕족만이 들고나는 비밀의 문이다. 이 문 안에서 김 씨 가문 각 가지가 나왔고 가지를 시작한 자들의 뜻이 오갔다. 그들의 기억과 경험이 이 바위에 새겨져 있다. 돌 위에 그대로 남아 있다.

바위에서 몇 걸음 떨어져 천천히 전체를 한 번 둘러보더니 선화가 조리에게 그만 가자는 뜻으로 고개를 끄덕인다. 조리가 부리나케 이서지 곁으로 가 왕비의 뜻을 전한다. 이서지가 너럭바위 쪽에서 기다리던 이들에게 손짓하며 짧게 몇 마디 던지자 모두가 빠른 걸음으로 너럭바위 곁 풀밭 쪽으로 움직인다.

선화 일행의 행렬이 서라벌을 향하기 시작한다. 가마가 조금 흔들리는 걸 느끼며 그 안에 앉은 선화가 골똘히 생각에 잠긴다. 들리는 말로는 이전에 실해마립간 사람들이 이 골짝에 다녀갔다고 한다. 선화가 찬찬히 보았지만, 그들이 바위에 어떤 흔적을 남겼는지는 알 수 없었다. 바위 가운데 아래쪽에 귀족 남자와 말이 잇달아 새겨져 있었다. 그러나 그들이 누군지는 명문으로 새겨져 있지 않았다. 칸은 질러 있지만, 공간이 비어 있다. 누가, 왜 그랬을까?

　　서라빌 근처 마을을 지날 즈음이다. 해가 지려 하는 데도 더위가 가시지 않은 탓일까? 길이고 사람이고, 담벼락 곁의 개까지 다 혀를 길게 빼문 게 발 사이로 보인다. 심한 폭염이다. 길섶 풀에서도 생기를 느끼기 어렵다.

　　서라벌 저택에 도착할 즈음 선화가 묻는다. "여기는 본시 이리 덥소?"

　　"늘 그렇지는 않습니다. 올해 유난히 덥네요. 얼음을 얼른 내올까요?" 이서지가 답하며 발 너머 안주인의 기색을 살핀다.

　　"아니오. 그럴 건 없소. 여름이 이제 시작인데, 얼음은 귀한 손님 오실 때에 써야지요." 선화가 고개를 젓는다.

　　조리가 둘 사이에 끼어든다. "그늘에 뚜껑 덮어둔 항아리 우물물 가져올까요?"

　　선화가 웃으며 답한다. 이가 가지런하다. "그러려무나."

사부지갈문왕의 왕비 지몰시혜비가 왕자 심맥부지(진흥왕)의 시대를 준비하다.

　　'그렇지. 이렇게 선화가 다녀간 뒤, 알지 왕가의 마립간 시대가 끝난 다음 법흥왕의 동생 사부지갈문왕 일행이 이 바위를 찾은 거지. 그러면서 마립간 시대 이전의 흔적을 없애버린 거고. 알지 왕가 사람들이 오기 전 여기 온 이들이 남긴 명문이며 그림을 쪼아 낸 거야. 그 자리에 새로 저들이 다녀간 사실을 명문으로 새기면서 말이야. 그게 원명과 추명인 거지.'
제가 잡은 이야기의 뼈대가 제법 그럴듯하다고 생각하며 인규가 덧붙일 이야기의 메모 몇 장을 책 받침대에 가지런히 펼쳐 놓는다. 정말, 아내 수경이 생각하는 레고 조립의 한 단계를 끝낸 아이의 만족스러운 미소 같은 게 인규의 얼굴에 흐른다. '자, 원명도 새기고, 추명도 새겼으니, 심맥부지와 지몰시혜비가 이 바위를 찾아와 한 번 더 치성을 드리면 다 끝나는 거야. 사부지갈문왕의 아들 심맥부지가 법흥왕의 뒤를 이어 진흥왕으로 즉위하는 거지.[41] 불교 신앙으로 나라를 다스리는 왕들의 시대가 본격적으로 열리는 거지.'

***

인규가 한 모금 겨우 마시고 그대로 둔 커피가 다 식은 채 주인의 책상 한쪽에 밀려나 있다.

왕자님 행차다! 큰 바위 곁 내 건너 낮은 언덕배기에 세워진 작은 절이 또 바빠졌다. 보통의 귀족이 아니라 왕자님이 오신단다. 지몰시혜비가 어린 아들 심맥부지를 데리고 이 바위를 다시 찾은 것이다.
길도 길이지만 너무 많은 사람이 한꺼번에 들이닥치고, 구경거리라며 산자락 너머에서까지 기웃거리는 거지벌 쪽 마을 사람들이 걱정거리다. 이 작은 골짝에 사람들이 버글거리면 뒷감당에 꼬박 사나흘 제 잠 못 자는 일도 있다. 저들이 떠난 뒤 절이 조용해지는 데에도 달포는 걸린다. 귀족들 자녀의 무리가 하루 이틀 얼씬거려도 후유증이 만만치 않은데, 왕자님 행차면 오죽하겠는가.

누가 그랬단다. 저 바위를 누가 들고 갔으면 어쩔까? 그러나 뭘 모르는 말이다. 저 글바위가 없어지면 이 작은 절도 사그라진다. 글바위 까닭에 생긴 절이니 글바위가 있어야 사람도 오고 시주도 놓고, 양식도 들어온다. 그러니 글바위와 이 절은 하나다. 글바위 손님 치르기가 고되기는 해도 글바위가 있으니 이 절이 돌아간다. 그야말로 글바위 덕이니 글바위 지키는 신이라도 따로 모셔야 할 참이다. 하긴, 글바위는 그 안에 신을 품은 신의 집이라 했으니 그저 주변이 조용하고 깨끗하게 절 사람들이 잘 지키는 일이 처음이자 나중이요 모두다.

지난해까지 왕자님과 왕비님 오시기는 두 번이요, 이번이 세 번째라 한다. 두 번째가 두 해 전이다. 그때에는 행차가 그리 크지 않았다고 했다. 그러나 서라벌 큰 사람들 여럿이 왕자님을 따라와 이곳을 둘러보고 바위에도 글을 몇 자 새겼다고 했다. 절에는 왕자님과 모시는 이 열 사람만 머물고 다른 이들은 절 앞과 뒤에 큰 천막을 세워 그 안에서 밤을 보냈단다. 산골짝이라 새벽에는 모두들 이를 부딪치며 '달빛도 차네.'를 연발했으리라. 그 소동 앞뒤 열흘 꼬박 절 사람들은 이리 뛰고 저리 뛰며 서라벌 큰 사람들 뒤치다꺼리에 진을 뺐다고 한다.

행렬 앞뒤는 거지벌 사람들이 맡았다. 우두머리 다섯과 그 수하의 열다섯이 왕가 사람들의 앞뒤를 지켰다. 왕가 사람들의 좌우는 서라벌에서 온 자 여덟이 붙어 지켰다. 글바위 사방 십 리 길은 사흘 전부터 사람이 얼씬거리지 못하게 했다. 사람들의 발길을 금하는 표목이 오백 보에 하나, 이백 보에 하나 세워져 멀리서도 알아볼 수 있게 하였다. 서라벌에서는 이 행차를 아는 이가 많지 않았다.

고구려 쌍영총 널길 벽화 행렬
고구려 수산리벽화분 벽화 귀부인

    중천이 막 지날 무렵 절차가 다 끝났다. 시종들이 부지런히 나무 그릇들을 정리한다. 몇은 내 건너 언덕 아래에 구덩이를 파두었다. 잘 묻어야 몇 달 안에 흔적도 없어진다. 그 위에 술을 붓는 건 짐승이 얼씬거리지 말라는 뜻이다. 거지벌 무사 몇이 길 앞으로 나선다. 오백 걸음 안팎을 살피며 부지런히 일행을 위해 길을 낸다.
    제사 그릇은 모례부인이 손수 놓았다. 앞뒤 좌우가 맞지 않으면 제사는 하나 마나다. 제자리 놓기가 쉬운 일이 아니어서 모례부인 손

수 조심스럽게 천천히 놓았다. 그릇 안에 넣어 올릴 것도 모례댁에서 마련했다. 여러 가지 나물이며 어물을 그릇마다 올렸는데, 꿩은 살아 있는 채로 채색바구니에 넣어 제상 앞에 두었다. 이 일로 왕자 심맥부지 가문이 여러 대에 걸쳐 왕가를 이끌게 된다는 계시를 받았으니 생각보다 큰 열매를 딴 셈이다.

심맥부지가 직접 꿩의 발을 풀고 날개를 풀어도 꿩은 제 몸을 왕자에게 맡긴 채 가만히 있다. 심맥부지가 꿩을 품에 안더니 글바위 앞 내 건너로 부드럽게 던진다. 꿩이 기다렸다는 듯 날갯짓을 한다. 내 건너 절벽 너머로 치고 오르더니 '꿩꿩'하며 모습을 감춘다. 심맥부지가 고개를 갸우뚱거리며 혼잣말처럼 중얼거린다. '꿈 대로네.'

여전히 바위는 그대로다. 그 앞에 앉은 채 눈을 감는다. 소리를 듣고 냄새를 맡으려 마음을 모은다. 바위에 신령이 산다면 말해 주리라. 그의 체취를 맡거나 숨소리를 느낄 수도 있으리라. 마음을 모으자. 기다려 보자. 그가 움직이리라.

'어머니, 우리 가문의 조상들이 하늘의 뜻을 헤아리던 데가 이 바위라고 하셨죠? 알지님이 하늘과 말을 나누고, 하늘로 올라가신 곳이기도 하고요? 저기 있는 글자 같은 게 신의 말씀이라고 하셨고요?'

'그렇단다. 여기야. 알지님이 하늘로 오르시기 전, 우리 가문의 때가 올 거라고 말씀 듣던 그곳이 여기야. 서라벌을 지키고 서라벌이 세상의 중심이 되게 하라고 우리에게 말씀하신 곳이지. 하늘로부터 말씀 받고 여기에 그걸 새기셨다. 그분이 남기시고 하늘로 올라가 신이 되셨지. 알지님이 손대신 뒤 이 바위는 성스러운 기운이 한데 모인 곳이 되었어. 우리가 이곳에 오면 그 기운을 받지. 오늘은 네가 그 기운을 온전히 받을 수 있어. 네가 서라벌을 지키고 서라벌이 세상의 중심이 되게 할 새 사람인 걸 이 바위 신령이 알게 해주시는 거지. 다른 분들도 그것

때문에 우리와 함께 여기 다시 온 거야.'

　　모자가 주고받는 속삭임 같은 소리가 귀에 또렷하다. 심맥부지가 큰아버지 법흥대왕의 뒤를 이어 왕위에 오르면 이 왕가의 여인은 왕과 함께 발 뒤에 앉아 서라벌과 신라의 모든 사람이 이리로도 가고 저리로도 가게 할 수 있다.

　　서라벌에서 거지벌 큰 마을을 잇는 큰길에서 골짝의 좁은 길로 접어든 뒤에도 반의 반나절은 걸어야 이르는 이곳 맑은 냇가 옆 큰 바위. 길게 네모지고 앞은 편평하며 고개 숙이듯 기울어진 바위 앞에 한 무리의 사람이 서 있다. 다들 차림새는 번듯하고 몇몇은 주위로 범상치 않은 기운을 뿜어낸다. 어느 모로 보아도 거지벌 사람들은 아니다.

가야 왕손 김무력(김유신의 아버지)이 내일을 꿈꾸며 글바위를 찾다

　　인규는 아내가 외출했다고 또 끼니를 거른다. 수경이 말하는 '레고 놀이'에 깊이 빠져 조금만, 조금만 하다가 시간이 멀리 흘러가 버린 것이다. 조금만 더 쓰다가 아내가 돌아오면 같이 저녁 먹으면 된다는 마음으로 책상 앞에 붙어 앉아 있다. '한 꼭지만 더 쓰자. 김유신 가문 이야기는 써야지.' 인규는 별다른 근거도 없이 김유신이 선대부터 천전리 글바위와 관련을 맺고 있다는 이야기를 쓰기 시작한다. 아마 유신이 화랑이었고 이 바위가 화랑바위로도 불렸다는 사실이 둘 사이를 잇는 거의 유일한 끈일 것이다.[42]

　　무력은 마음속 소리를 따라 글바위 앞 내를 건넜다. 희미하게 흔적만 남은 나무꾼 길을 따라 걷기 시작했다. 물길을 따라 산 중턱을 타고 흐르는 길이 끊어질 듯 이어졌다. 어느새 글바위는 보이지 않는다. 하지만 바위 앞 물길은 나뭇가지와 작은 바위 사이로 희끗희끗 보일 뿐이다. 문득 주위가 적막하다. 새 소리도 벌레 소리도 들리지 않는다. 어디선가 찬 기운이 새어 나와 무력의 발꿈치를 싸고돈다. 슬금슬금 한기가 몸을 타고 올라온다.

무력이 한기(寒氣)의 끝자락에서 눈 끝으로 작은 동굴 하나를 잡아낸다. 입구가 그리 넓지 않다. 깊이도 여우가 들어가 웅크릴 정도인 듯하다. 마음이 그의 발걸음을 그 앞으로 옮긴다. 슬그머니 안을 들여다보니 제법 깊은 듯 찬 기운이 바깥으로 새어 나온다. 나뭇가지 몇으로 작은 표지를 만들고 다시 길을 되짚어간다. 제법 많이 걸었는가? 그렇지도 않은 듯한데, 사람 찾는 소리가 물길을 타고 산자락을 거슬러 올라온다. 그 소리가 구형의 귀에도 아스라한 메아리가 되어 들어온다.

시작은 끝을 담고 간다. 씨앗은 열매도 담고 있지만 기다림도 안고 있다. 무엇이 낙엽을 헤치고 올라오는가? 죽어 껍질을 벗어 버린 씨앗, 그 안의 생명이다. 씨앗이 껍질로 싸여 있기를 그만두자 그로 말미암아 열린 틈에서 새싹이 나와 빛을 쬐러 올라온다. 그늘의 시간을 넘어야 햇빛과 만날 수 있다. 낮은 곳에 깊이 뿌리내리지 않고 높이 올라가 하늘을 보고 세상을 헤아리기는 어렵다. 그늘과 그림자를 잊고 맑은 공기를 마시며 세상을 멀리까지 보려고 뿌리는 더 깊은 곳을 향한다.

하늘문은 어디인가? 하늘과 닿는 곳이다. 땅과도 만나는 곳이다. 신인이 지키는 금 바위 앞에 서서 신을 만나겠다는 자가 있다. 그가 이 문이 열리기를 기다린다. 바위가 쪼개지며 하늘문이 열리면 그 너머로 가겠다고 한다. 왕이 새집을 지었다는 불가의 도리천(忉利天)도 그 너머라 한다. 그러면 바위 앞이 천왕사인가? 첨성대인가? 맑고 맑은 내, 절벽 바위와 솔숲이 전부인데, 어디에 절이 있고, 별 보는 곳이 있는가?

유신랑, 그대는 이제 가야 왕가의 자손이 아니오. 야마토[大和]의 대족도 아니오. 신라의 귀족이자 서라벌의 장수라오. 알지신이 낳은 금족(金族) 왕들을 위해 고구려, 백제의 칼과 창에 맞서야 하는 전사지요. 지금 이 나라에는 고구려를 두려워하고 백제에 붙으려는 자들이 여럿 있소. 저들의 마음을 돌려야 하오. 죽이고 쫓아내기는 쉬우나 그것으로는 민심을 모으기 어렵소. 날이 갈수록 많은 이가 그대에게 붙도록 마음을 쓰시오. 칼은 이도 저도 어려울 때 휘두르는 것임을 그대도 잘 알 것이오. 칼은 나누나 말과 마음은 붙인다는 사실을 기억하시오. 붙잡으시오. 당신의 벗이자 손발로 만드시오. 그대와 그대를 따르는 이들이 바로 김 씨 왕가의 성벽이며 서라벌을 지키는 산성이오. 그대의 가문은 이제 곧 서라벌의 금족이 되고 신라의 왕족이 될 것이니 나라를 지키고 김 씨 왕족들을 세우는 데 모든 힘과 지혜를 모으시오.

유신이 저도 모르게 그 앞에 무릎을 꿇고 엎드려 절한다. 몸을 일으키니 눈앞에 보이는 것은 커다란 바위 절벽이요, 코와 귀를 스치는 것은 아련한 향을 품은 부드러운 바람이다. 꿈인가? 할 정도로 주위는 고요하다. 몸을 돌려 글바위를 본다. 바위 가운데에 비문 같은 것이 새겨졌다. 들여다보니 성법흥대왕 시절 새겨진 글이다. 왕가의 사람들이 이 글바위 골짜기를 찾았다는 기록이다. 그것도 두 번이나! 나라를 크게 일으킨 심맥부지 진흥대왕이 왕위에 오르기 전에 이곳에 왔다니? 놀랍고 놀라운 일이다. 이 산과 골짝의 신이 이분들을 불렀는가? 그랬다는 말은 담겨 있지 않다. 글줄 사이에도 비치지 않았다. '뭔가가 있다.' 그러나 신이 직접 말해 주지 않으면 알 수 없는 일이다. 유신이 명문 앞에서 두어 걸음 물러나 온전히 섰다가 공손한 낯으로 명문을 한 번 더 본 뒤 향하여 엎드려 절한다.

성법흥대왕 시대에 신라의 틀이 다시 세워졌다. 나라의 씨줄 날

줄을 새로 짰다고 하는 말이 옳다. 대왕을 가장 가까이서 모시던 이차돈(異次頓)이 대왕의 이름으로 여래의 법을 받았다. 절집을 지으려 부리던 사람들에게 거울숲의 나무를 베게 했다. 그것을 빌미로 서라벌의 뿌리를 이루던 가문들이 대왕의 자리를 넘보았고 급기야 이차돈의 목이 달아났다 한다. 그러나 이차돈의 목에서 피가 아닌 우유가 솟고 하늘에서는 여래가 꽃비를 내리는 바람에 신라는 여래 법의 나라가 되었다니, 손바닥으로 하늘을 가리다가 바보 소리 들었다 함이 곧 이 같은 일이다. 매에 쫓기던 꿩이 제 머리 처박아 이제 보이지 않게 숨었다 함도 이것과 크게 다르지 않다.

화랑의 자리에 오르던 그때 이전의 풍월주(風月主)가 유신에게 일렀던 말도 오늘, 이 글바위 골짝 산신에게 받은 가르침과 크게 다르지 않다.

"사람을 어떻게 얻는지 100년 전 성법흥대왕이 보여주셨다네. 풍월주 노릇이란 게 낭도들의 인심 얻어 전장에서 짓쳐 들어가 나라에 목숨 바치는 것 아닌가. 그렇게 해서 살아도 이름을 얻고 죽어서도 이름을 얻지. 대성(大聖) 이차돈이 여래의 법을 위해 목숨을 버린 다음 그를 죽이자고 말 냈던 이들이 어찌 되었는지 아는가. 대왕이 이들에게 앞장서서 절집을 짓게 했다네. 이차돈이 하려던 그 일을 하게 한 것이지. 죽여서 거스르는 자의 끝을 보게 한 것이 아니라네. 나라의 중직이라면 중직을 맡긴 것이지. 그들이 목숨처럼 아낀다던 거울숲 나무들을 베게 하고 그 가운데에 덩그러니 온전한 절집 하나를 놓게 하셨네. 물론 그 역사에 쓰일 나무며 일꾼의 반은 나라에서 내고 나머지 반은 그들이 내게 하셨다네. 그렇게 해서 서라벌의 일곱 샘과 숲이 해동에 이름을 떨칠 7 절집이 되거나, 그 안팎에 있게 된 것이지. 여래 법이 옛 신령의 삶터와 그 자손들을 다 품게 된 것이야."

'그래, 대왕은 대왕이야. 그릇이 달라. 김춘추 공도 이분의 자손이라서 그렇게 다른가?' 유신이 한 번 더 글바위를 보고, 돌아서 냇가 너럭바위를 본 뒤 성큼성큼 걸음을 내디디며 글바위 앞을 떠난다. 해는 내 건너 병풍처럼 늘어선 절벽 바위 산 너머에 간신히 걸려 있다. 옷깃 사이로 한기가 슬그머니 파고들려 한다. 괜스레 얼굴에 소름이 돋는다. 가슴은 점점 뜨거워 오는데, 머리는 더욱더 맑아진다. 긴~ 말들은 사라지고 텅 빈 곳에 맑은 기운만 채워진 꼴이다. 유신이 내딛던 걸음을 멈추고 몸을 돌려 한 번 더 글바위 쪽을 본다. 해넘이 때문인가 글바위 둘레가 금빛 기운으로 덮인 듯이 보인다.

천 년 동안 새겨진 글, 왕실과 스님, 귀족과 화랑이 남긴 명문들

천전리 각석에 새겨진 명문은 모두 253개이다. 이 가운데 근현대의 것이 35개, 근대 이전의 것이 218개이다. 전근대의 명문이라고 해도 삼국시대의 신라 및 통일신라 시기의 글이 대부분이다. 명문 가운데에는 수백 자에 이르는 것도 있고 한두 글자인 것도 있다.[43] 명문 중에는 신라인의 이름, 관등 명, 직명 등이 다수 등장하는데, 신라 고유의 것이 많다. 천전리가 신라 왕경의 끝자락에 있어 서라벌에 살던 왕실 사람이며 귀족, 승려, 화랑이 주로 이곳을 찾았기 때문이다.

천전리 각석의 명문 가운데 가장 눈길을 끌었던 것은 법흥왕 일가의 방문 기록인 원명과 추명이다. 원명은 525년(법흥왕 12년) 천전리 각석 골짜기를 찾은 법흥왕의 동생 사부지갈문왕과 어사추녀랑왕 일행에 의해 작성되었다. 명문에 의하면 법흥왕의 동생 사부지갈문왕이 이곳을 찾아와 이름 없던 이 골짜기의 이름을 서석곡이라고 지었다. 사부

천전리 각석 명문 실측도 개별 명문

지갈문왕이 와 보니 바위에 이미 명문이 새겨졌지만 오랜 옛날부터 선인들이 이곳을 찾아 남긴 여러 가지 그림과 문양을 남겼으므로 서석이라는 이름을 붙인 듯하다. 사부지갈문왕의 명으로 바위에 원명을 새긴 사람은 말의 다리 부분을 개의하지 않고 명문 새길 부분을 구획 잡은 뒤 깎아 편평하게 다듬었고 12행에 이르는 제법 긴 명문을 새겼다.

추명은 원명에 잇대어 새겨졌다. 이곳을 찾아왔던 사부지갈문왕과 어사추녀랑왕, 두 사람 모두 세상을 떠난 뒤 이들을 그리워하며 기리는 마음으로 다시 이곳을 찾은 신라 왕가의 사람들이 남긴 명문이다. 추명은 첫 방문 뒤 14년 만인 539년(법흥왕 26년)에 지몰시혜비, 부걸지비, 심맥부지 왕자 일행에 의해 새겨졌다. 지몰시혜비는 사부지갈문왕의 왕비인 지소부인이고 부걸지비는 법흥왕, 곧 무즉지태왕의 왕비이자 지몰시혜비의 어머니인 보도부인이다. 왕자 심맥부지는 사부지갈문왕과 지몰시혜비 사이에서 태어난 아들로 미래의 진흥왕이다. 할머니, 어머니와 함께 서석곡을 찾은 심맥부지는 다음 해인 540년(진흥왕 원년) 일곱 살의 나이로 왕위에 오르고 어머니 지소부인이 섭정을 맡는다. 지몰시혜비(지소부인)은 551년까지 11년 동안 진흥왕을 대신하여 나라를 다스린다.

추명을 새기는 과정에서 돌 위에 제법 크게 새겨진 귀족 복장 인물이 바위 면에서 제거되어 허리 아랫부분만 남는다. 세선각화로 묘사된 다른 인물들과 달리 명문 작성 과정에 삭제된 인물은 남은 부분만으로도 입은 옷의 무늬까지 정성스럽게 표현된 신라의 귀족이다. 추명 내용으로 보아 525년 사부지갈문왕과 어사추녀랑왕 일행이 서석곡을 찾았을 때는 해 뜨기 전 새벽이다. 신라 왕가 인물들의 방문 사실을 기록한 원명과 추명은 어느 시점엔가 내용을 알아보기 어렵게 쪼아져 훼손되었다.

법흥왕의 동생 사부지갈문왕이 왕실 사람들을 거느리고 이곳을 찾은 이유는 이 큰 바위가 지녔다는 특별한 신령스러움 때문일 것이다. 왕경 일원에서 가장 영험한 바위, 큰 신이 계신 곳, 큰 신이 사람의 말을 듣는 특별한 장소가 이 바위였기에 신라 왕경의 끝자락, 궁궐에서 한나절 걸리는 이곳에 새벽 시간에 이르렀다고 보아야 한다. 사실 궁궐에서 얼마 떨어지지 않은 남산도 영험한 바위, 신과 만날 수 있는 자리가 있는 곳이 아닌가?

근래에도 일반 민가에서 아낙이 뒤뜰 작은 신당이나 바위 앞에 맑은 물 한 사발을 올리며 천지신명께 기도한 시간은 새벽 미명이다. 천지가 깨어나 소란스러워지기 전에 신과의 대화를 시도한 까닭이리라. 신라 왕가의 사람들이 새벽에 근교의 깊은 골짝 바위 앞에 이르렀다는 사실은 이 행차가 놀이와는 다른 의미와 목적으로 이루어졌음을 시사한다.

천전리 글바위에 새겨진 가장 이른 시기의 명문은 계사명[癸巳年 (453년, 눌지왕 37년) 6월 22일 닭(부)의 일분 왕부…나(마) 부인배중대등…부서 인소…사랑녀□작 추?탄월?석? 일소지 대형가와 두독지 대형가 궁두사…노잠규?루?]이다. 문장을 제대로 읽어내기 어려운 이 명문은 신라 왕경의 진골 신분 인물들이 '대형가(大兄加)'라는 고구려 관등을 지닌 인물들과 이곳을 찾았음을 밝히고 있다.[44] 고구려의 군사적 보호, 정치적 간섭을 받다가 그 상태에서 벗어나려 애쓰던 눌지마립간 시기에 왕경의 주요한 인물들이 이 신령스러운 바위를 찾아온 것이다.

525년 사부지갈문왕 일행이 이곳을 찾은 뒤 천전리 글바위는 신라 왕경 사람들에게 영험한 곳으로 인식되었던 것 같다. 이후 왕실 사람들 외에도 왕경의 신라 귀족들이 여러 차례 이곳을 찾아와 흔적을 남기기 때문이다. 갑인명[甲寅年(534년, 법흥왕 21년)에 대왕사의 (승)안장이 허락받고 쓰다.], 을묘명[乙卯年(535년, 법흥왕 22년) 8월 4일 성법흥대왕 때에 도인인 비구승 안급이와 사미승 수내지가 거지벌촌 중사 6?인 등과 보고 기록하다.]은 539년 신라의 왕비들과 왕자가 이곳에 다시 오기 전에 왕경의 승려들이 천전리 글바위를 다녀간 기록이다.

　진흥왕이 즉위하기 전 할머니, 어머니, 왕이 될 아들까지 3대가 함께 천전리 글바위를 찾은 것은 신령한 바위에 내재한 신성한 힘에 의지하기 위해서일 것이다. 특히 추명을 새기면서 귀족 남자의 머리와 몸을 제거한 것은 제의적 의미를 담은 것으로 보인다. 남은 부분으로 보아 본래의 인물상은 눈에 띄는 크기로 세심한 필치로 잘 묘사되었을 것이 확실하기 때문이다. 제거된 인물은 특정한 의미를 지닌 존재였다고 보아야 한다. 바위로부터 능력과 힘이 이 인물의 후손이나 관련된 다른 사람들에게 전해지지 못하게 하려 바위에 새겨진 형상을 쪼아 내고 그 위에 새로운 명문을 새겨 넣었을 수도 있는 것이다.

　534년 새겨진 갑인명의 주인공 안장은 550년 진흥왕에 의해 대서성이라는 불교 승려들의 지도자로 임명된 인물이다.[45] 528년 법흥왕에 의해 불교가 공인된 뒤 대왕사가 창건되고 이 절을 관리하던 승려 안장이 진흥왕 시대에도 중요한 역할을 담당했음을 알 수 있다. 안장이 법흥왕 일가와 관련이 깊은 이 바위를 찾아온 것도 왕실과 불교에서 그가 차지하던 비중과 역할 때문일 수 있다. 신라의 전통적인 바위 신앙을 불교 신앙 안에서 이해하고 수용하려고 이곳을 찾았을까?

　535년 을묘년에 천전리 글바위를 찾아온 승려 안급이, 수내지와 거지벌촌의 유력자 6인은 신라에 불법(佛法)을 일으킨 성법흥대왕을 기리며 저들의 이름을 남긴 경우이다. 거지벌촌은 지금의 울주군 언양읍이다.[46] 을묘명은 모즉지매금왕, 무즉지태왕으로 일컫던 법흥왕이 불교 공인 이후에는 불교를 믿는 사람들에 의해 성법흥대왕으로 불렸음을 알게 해 준다.

543년(진흥왕 4년)에는 왕경 13관등인 소사(小舍)의 부인 조덕도가 이곳을 찾아 명문을 남긴다. 계해명(癸亥年 2월 8일 사닭부의 □릉지 소사의 부인 조덕도가 놀러갈 때 쓰다.)이다. 조덕도는 자신이나 가문과 관련된 특별한 소망이나 뜻을 바위에 알리려 이곳을 찾아왔던 것으로 보인다.

545년(진흥왕 6년) 새겨진 을축명[乙丑年 9월에 사훼부 우서부지 피진간지의 처인 부인 아도랑녀가 골짜기를 보러 왔을 때 앞에 선 사람은 위?녀례형과 닭?□니?□□□실공부?리 □□□□분차소?□삼일?□□홀□ 심맥부지가 왕위에 있던?□침숙부정흘세□춘부지세□일배삼(菥和) 구장□대위 소왕 2인 마음을 적지 않게(쓰고) 운삼(왕?)]은 문장으로 읽기 매우 어려운 경우이다. 파진간지 관등을 지닌 우서부지의 아내 아도랑녀가 이곳에 왔다는 것이 기본 내용이다. 아도랑녀 일행이 이 골짝을 찾은 이유 역시 영험한 신앙의 대상에게 저들의 소망이나 뜻을 알리고 기억시키기 위함이라고 보아야 할 것이다.

신라 왕가와 인연이 닿은 데 그치지 않고 왕위에 있으면서 출가한 왕들과 관계된 고승이 다녀간 곳이 되자 바위는 말 그대로 특별한 지위를 누리게 된 듯하다. 전통신앙의 성소에서 한 걸음 더 나아가 불교의 성소로도 인식되기 시작한 것이다. 명문에 이름만 두 차례 나오는 혜훈(惠訓)은 선덕여왕 시대에 국통(國統)이 된 승려로 황룡사의 제3대 주지를 역임한 인물이다. 687년(신문왕 7년) 새겨진 것으로 보이는 '왕7년명'도 승려와 관련된 명문이다. 을미명에 등장하는 도안, 춘담, 도권, 이취 등은 승려일 가능성이 크다.[47] 신해명의 규배, 월랑, 길성도 승려로 볼 수 있다.

진흥왕이 즉위 뒤 화랑제를 실시하자 낭도들을 이끌던 화랑이 천전리 글바위를 찾는 일이 잦아졌던 듯하다. 호세는 진평왕 시대에 화

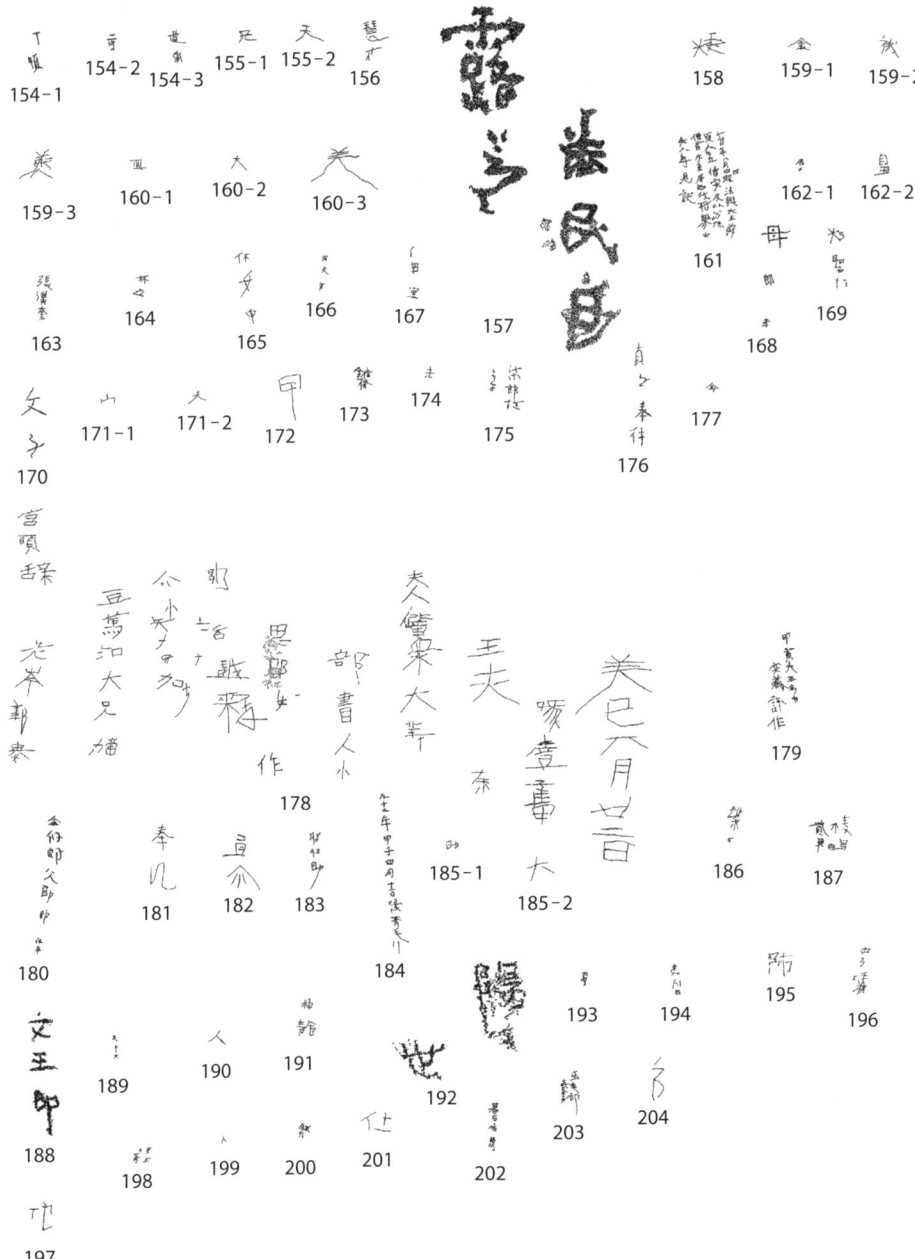

천전리 각석 명문 실측도 개별 명문

랑이었던 인물이고 수품은 선덕여왕 때 상대등을 역임한 사람이다. 흠춘은 김유신의 동생이자 황산벌 전투에서 이름을 남긴 반굴의 아버지이다. 흠춘도 진평왕 시대에 화랑을 지냈다. 문왕랑의 문왕은 태종무열왕 김춘추의 3남 김문왕을 가리키는 것이 확실하고 법민랑의 '법민'은 문무왕의 이름과 같다.

'술년영랑성업'이라는 명문의 영랑은 효소왕 시대의 승려 안상이 낭도였을 때 따르던 준영랑을 가리키는 것으로 보인다.[48] 동해안 여러 곳에 영랑과 관련된 설화가 전하는 것은 영랑이 화랑을 대표하는 인물로 알려진 까닭일 것이다. 명문은 영랑의 무리가 산천을 두루 다니며 심신을 닦았고 천전리 서석에 이르러 목표한 것을 이루었다고 선언하며 바위에 이를 새겼음을 알게 한다.

승려 안상이 만파식적 설화와 관련 있듯이 대현도 만파식적 사건에 얽힌 인물이다.[49] 대현은 만파식적을 되찾을 때 세운 공으로 태대각간에 제수된다. 명문은 대현이 화랑이었을 때 서석을 찾아왔음을 시사한다. 금랑과 모랑, 상랑은 모두 화랑의 이름으로 추정된다. 이 외에 관랑, 임원랑, 법혜랑, 정광랑, 문렴랑, 칠릉랑, 충얄랑, 칠랑, 금일랑, 부사랑 등도 화랑의 명칭으로 볼 수 있다.

7세기 후반 이후 새겨진 명문에는 중국 당나라의 연호가 등장한다. 나당전쟁이 마무리 단계에 들어서자 신라가 당 중심의 동아시아 국제질서를 온전히 받아들이기 시작한 때문인 듯하다. 당 연호가 확인되는 가장 이른 시기의 명문은 상원2년명[675년, 문무왕 15년, 上元二年 을해 정월 20일 더 갖추어 본 비야대아간 38□□]과 상원4년명[677년, 문무왕 17년, 上元四年 10월 24일 부십평택 猪塢를 온전히 마치고]이다. 상원2년명은 이름을 새겨 귀족 개인의 소망을, 상원4년명은 가문의 토목공사를 기록하여 결과에 이상이 없게 해달라는 기원을 바위에 전했다고 할 수 있다.

8세기 명문인 병신명[756년, 경덕왕 15년, 丙申載 5월 7일 모랑이 진휼하러 가며 도연이 지어 새기다.]은 모랑(慕郎)이 배를 곯고 있는 불쌍한 백성들에게 양식을 전하러 가는 길에 (들렀다)는 사실을 바위에 기억시키고 있다. 신해명[771년, 혜공왕 7년, 辛亥年 9월에 예웅의 처가 함께 가다.]의 기록 역시 부부가 특정한 소망을 마음에 품고 신령스러운 바위를 찾아왔음을 확인시켜 주는 사례이다. 개성3년명[838년, 민애왕 원년, 開成3年 무오 3월 1일 문암을 보러 □□□전 오다.]은 9세기 명문이다. 언제부턴가 문암으로도 불린 이 바위를 보러 왔다는 사실이 명기된 점에서 기원이나 소망과 관련된 명문일 수 있다.

　　명문 연도가 확인되지 않는 병명[丙(?) 수오가 냇가에 행차하니 함께 한 무리들이…하다. 병9월병]은 기하문 사이에 새겨졌다. 첫 글자 '丙'은 별도의 행을 이루고 획을 굵게 선 긋기 하였다. 보기에 따라 이 글자는 '雨'로 읽을 수도 있는데, 수오 일행이 대곡천 곁 큰 바위를 찾아온 이유가 기우와 관련되었을 가능성을 고려하게 한다. 바위에 유수(流水, 흐르는 물), 수구(水求, 물을 구하며) 등의 글자가 새겨진 사실도 이와 관련하여 참고될 듯하다.

　　자주 새겨진 '천(天, 하늘)', '대(大, 커다란)', '도(道, 길, 깨달음)' 등의 외자는 소망을 기원 대상에게 확인시키려는 간절한 몸짓의 과정이자 결과로 볼 수 있다.[50] 통일신라 후기에 들어서면서 승려, 귀족, 화랑이 주도한 명문 새김이 뜸해지지만, 천전리 글바위를 찾아와 바위 쪼기와 선 긋기로 갖가지 소망을 펼치는 일반 백성들의 주술, 종교 행위는 계속되었던 듯하다.

　　또 자정을 넘겼다. 인규는 아내 수경과 좀 이르게 저녁 식사를 마친 뒤 바로 글바위 명문 정리에 들어갔다. 그러나 바위에 새겨진 옛글만 200

개가 훨씬 넘어 판독된 명문에 간략한 해설만 덧붙이는 데에도 몇 시간이 훌쩍 지나갔다. 문장을 이룬 것이 아니라도 나오는 수많은 화랑 이름들은 이 바위의 별명이 왜 화랑바위인지 새삼 알게 했다. '그래, 김유신이 화랑일 때 여기 다녀간 게 확실해. 김춘추도 갔을 거야. 왕가의 바위로 여겨진 곳이니, 당연지사지.' 비록 상상력을 바탕으로 마지막에 김유신 가문 이야기를 덧붙였지만, 그게 무리는 아니라는 생각도 들었다.

바위 명문의 낱글자 가운데 자주 나오는 '천(天)', '대(大)', '도(道)' 같은 글자는 누가, 어떤 의미로 새겨 넣었는지 제대로 감이 오지 않았다. '도(道)'라는 글자가 있다고 도교의 도사가 그걸 새겼다고 상정할 수도 없는 노릇이다. 불교 승려도 한때는 '도인'이라고 하지 않았는가? 진흥왕은 '풍월도'를 다시 일으키기 위해 화랑제를 시작했다고 했다. 화랑이 명산대천을 다니며 제사도 지냈다는 기록이 있는 걸 보면 '도'는 신라의 전통신앙과도 관련이 있는 용어이다. 인규는 천전리 글바위에 담긴 역사의 더께가 만만치 않다는 사실 앞에 자신이 아는 지식이 손바닥 크기로 대비된다는 느낌을 받는다. '어휴, 오늘은 여기까지다.' 인규가 기지개를 크게 켜더니 자리에서 일어난다. 수경이 말한 레고의 1단계 조립이 끝난 것이다.

기년명 판독문과 해석문

기년명	판독문	해석문
계사명 (No.178)	癸巳六月卄二日 喙壹奮 王夫 … 奈 夫人輩衆大等 … 部書人小 … 思郎女□作 鄒?呑越?釋? 佘小知大兄加 豆篤知大兄加 宮頭辥 … 老岑邦?婁?	계사년 癸巳年(453년, 눌지왕 37년) 6월22일 닭(부)의 일분 왕부…나(마) 부인배중대등…부서인소…사랑녀□작 추?탄월?석? 일소지 대형가와 두독지 대형가 궁두사…노잠규?루?
갑인명 (No.179)	甲寅大王寺中 安藏 許作	갑인년 甲寅年(534년, 법흥왕 21년)에 대왕사의 (승) 안장이 허락받고 쓰다.
을묘명 (No.161)	日 乙卯年八月四聖法興大王節 道人比丘僧安及以沙弥 僧首乃至居知伐村衆士 六?人等見記	을묘년 乙卯年(535년, 법흥왕 22년) 8월4일 성법흥대왕 때에 도인인 비구승 안급이와 사미승 수내지가 거지벌촌 중사 6?인 등과 보고 기록하다.
계해명 (No.45)	癸亥年二月八日 沙喙□淩智小舍 婦兆德刀遊 行時書	계해년 癸亥年(543년, 진흥왕 4년) 2월8일 사닭부의 □릉지 소사의 부인 조덕도가 놀러갈 때에 쓰다.
을축명 (No.68)	乙丑年九月中沙喙部于西 夫智彼珎干支妻夫人阿刀郎女 谷見來時前立人威?女礼 兄喙□洒?□□□悉工赴? 里□□□□奔次道?□ 三壹?□□迄□心麥夫智在 王?□ 枕宿夫正汔世□ 春夫之世一輩三蒜和 仇丈□大爲 小王二人心未 小老 云三(王?)	을축년 乙丑年(545년, 진흥왕 6년) 9월에 사닭부 우서부지 피진간지의 처인 부인 아도랑녀가 골짜기를 보러 왔을 때 앞에 선 사람은 위?녀례형과 닭?□내?□□□실공부?리 □□□□분차소□ 삼일□□흘 심맥부지가 왕위에 있던?□ 침숙부정흘세□춘부지세□일배삼蒜和 구장□대위 소왕 2인 마음을 적지 않게(쓰고) 사백 운삼(왕?)

177

기년명	판독문	해석문
술년명 (No.14)	戌年六月二日 永郎成業 □ □(共?)	술년 6월 2일 영랑이 과업을 이루고□
상원2년명 (No.51)	上元二年乙亥正月卄日加具見之匕也大 阿干　卅八□□	上元二年(675년, 문무왕 15년) 을해 정월 20일 더 갖추어 본 비야대아간 38□□
상원4년명 (No.97)	上元四年十月卄四日夫十抨宅猪塢? 　　十二　　　　　　　　　　永工	上元四年(677년, 문무왕 17년) 10월 24일 부십 평댁 猪塢를 온전히 마치고
왕7년명 (No.76)	日?王七年僧徒上	日?王七年(687년, 신문왕 7년) 승 도상
개원명 (No.184)	元十二年甲子四月十一日㖨奪?毛刂	(開)元十二年(724년, 성덕왕 23년) 갑자 4월 11일 닭부의 탈?모가 새기다.
병술명 (No.24)	丙戌載七月卄六日 辛亥年九月中芮雄妻幷行	丙戌載(746년, 경덕왕 5년) 7월 26일 辛亥年(771년, 혜공왕 7년) 9월에 예웅의 처가 함께 가다.
병신명 (No.125)	丙申載五月七 慕郎行賑(賦?) 道谷造 刂(仆?)	丙申載(756년, 경덕왕 15년) 5월 7일 모랑이 진휼하러 가며 도연이 지어 새기다.
개성명 (No.11)	開成三年戊午 三月一日文巖見□ □□典來之	開成三年(838년, 민애왕 원년) 무오 3월 1일 문암을 보러 □□□전 오다.
을미명 (No.31)	乙未九月五日道安号 春談道權伊就等隨	乙未年(?) 9월 5일 도안이 부르니 춘담, 도권, 이취 등이 따라오다.
신해명 (No.98)	辛亥年九月 圭陪朗吉成三人 　月	辛亥年(?) 9월 규배, 월랑, 길성 세 사람
병명 (No.48)	丙　首烏行川邊共?徒?□□育?丙九 月丙	丙(?) 수오가 냇가에 행차하니 함께 한 무리들이~하다. 병 9월 병

무기년명 및 기타 명문 판독문

인명, 기타		명문	비고
인명	승려	朴号(兮?)法師(No.22), 惠訓(No.105), 建?通(遍?)法師(No.73)	
	귀족	大德公隨下也 人黃?焦?□巡 善焦□□□人 □□□□ 今(수?)羊(No.49), 伏戶智(No.86), 昔夫智書(No.72), 六叶夫智大一/行作文之(No.113), 馬谷孝信大子(No.150)	
	화랑	金郎□行碧 リ(No.1), 欽春((No.17), 三月七日/暮郎徒于此? リ(No.21), 天 官郎(No.30), 思果沙/郎奴(No.62), 想郎(No.67), 林元郎(No.71), 法惠郎(No.83), 貞光郎(No.104), 文劍郎(No.106), 相郎(No.111), 水品罡世/好世/僧苑/明?((No.118), 大玄徒人(No.121), 柒陵郎(No.128), 沖陽郎(No.142), 法民郎?露?(No.157), 柒郎(No.175), 文王郎(No.188), 金仍郎 父師郎(No.180), 成年郎(No.203)	首烏(No.48), 道信(No.77), 竹道(No.114), 行吉(No.136), 陽世(No.192)
	기타	□□里娘?徒見 リ??(No.15)	
미분류		母, 道, 大, 生, 王, 人, 孝, 郎, 竹, 流水(No.4), 水求(No.47), 越世(No.55), 初立(No.58), 大礼 大母(No.82), 二人同心(No.115), 立道(No.153-2), 道業(No.154-3), 父子(No.170), 暮石信盟問(No.202)	道, 大 등 단자는 10회 이상 새겨진 경우도 있어 번호를 병기하지 않는다.

간절한 바람으로 남긴 선과 구멍

그으며 빌고, 갈며 빌다.

　'오늘은 마무리 지어야지.' 아내 수경과 아침 산책을 마친 뒤 서재로 들어서면서 인규가 마음속으로 다짐한다. 어차피 긴 여름 방학이 끝나는 때라 오늘내일 사이에는 글바위 이야기를 마쳐야 한다. 가을 학기가 시작되면 다시 박물관 프로젝트 연구와 대학 강의로 바빠지는 신세라 몸도 마음도 바빠질 수밖에 없다. '에고, 이일 저일로 또 시달리게 될 텐데~' 인규가 푸념하듯 중얼거리며 책상 위 메모지들을 뒤적거린다. 선사미술연구회 월례발표 뒤 오래지 않아 덕수, 찬규, 찬미가 울산, 경주의 특별한 바위들을 둘러보러 내려간다기에 따라 내려가 천전리 각석을 한 차례 더 들렀을 때 메모한 글이 인규의 눈에 들어온다.

※ ※ ※

　찬규의 눈이 쏘는 듯 좀 날카로워졌다. 아마 덕수가 뭐든지 너무 쉽게, 또 자신 있게 내지르는 걸 좋게, 좋게 받아들일 아량이 바닥에 다다른 듯했다. "야, 넌 간절하다는 게 뭔지 알기나 하냐? 그런 느낌 제대로 받은 적 있어? 그런 마음으로 뭔가 해 보기는 했고? 간절히 뭘 해 봤다면 너도 알 거야. 이런 돌에 갈고 가는 그런 마음 말이야. 이렇게 갈고 새겨서 낸 구멍은 그런 간절한 마음의 흔적이야. 마음의 화석이랄까? 눈에 그 장면이 떠오르지 않냐?"

덕수가 여전히 별거 아니라는 듯한 표정을 지으며 대꾸한다. "간절하게 뭘 하고 싶어 한 적 없는 사람이 어디 있냐? 그렇지만 그거와 이 바위구멍 갈고 새기는 건 다른 이야기 아냐? 시골 아이들이 소 풀어 놓고 놀면서 심심풀이로 새길 수도 있거든. 실제로도 그렇고. 간절한 게 아니라 심심한 거지. 뭔가 재밌는 놀이 없을까? 그러다가 한번 해 볼까 하면서 돌에 구멍 뚫기를 하는 거야. 야, 이거 생각보다 재밌네 하면서 아예 매달리는 거고. 어른이나 아이나 다 그렇잖아? 심심풀이로 시작했다가도 그게 재밌어져서 거기에 푹 빠지면 그냥 그대로 가는 거지."

그 사이 마음을 좀 누그러뜨린 듯 찬규 말의 톤이 낮아지고 느려졌다. "그럴 수도 있지. 그렇지만 별자리가 나오고 방위가 잡히고 그런 게 그냥 나오지는 않지. 게다가 민속에도 있잖아. 아기 주는 바위, 돌 아버지에게 치성드리기 같은 건 지금도 살아 있어. 돌부처 코 갈아 먹는 것도 사내아이 달라고 그러는 거고. 돌이 그저 돌일 뿐이라는 사람에게는 싱거운 일이지만, 물에 빠진 사람 지푸라기라도 잡듯 마음이 급하면 무슨 짓이든지 하는 거야. 영험하다는 무당 찾아 굿하는 것도 그렇고, 시골에서는 시험관 아기 같은 것은 꿈도 꾸지 못해. 그런 거 알지도 못하고. 바위에 난 굴 지나기. 바위 사이에 돌 끼우기. 바위 안고 아기씨 받기 같은 걸 하지. 바위에 구멍 내는 것도 결국 같은 거고."

덕수도 덩달아 목소리를 낮춘다. "난 그렇게 생각하지 않아. 그때 별

자리를 알면 얼마나 알아. 서양사람 좋아하는 카시오페이아자리 같은 걸 어떻게 선사시대 동양 사람이 알겠어, 삼한시대 시골 마을 사람이 알긴 뭘 알아? 현대의 지식으로 과거를 이해하려 하면 억지 춘향 되는 거지. 이런 말 하기는 좀 뭐하지만, 뭐 눈에 뭐만 보인다고, 한쪽으로 그럴 거다. 하고 생각하면 그렇게 보이고 오히려 더 잘 보여. 아예 새로 그리듯이 그림이 되는 거라고.”

둘이 입씨름 비슷하게 서로 초점이 어긋나는 말을 주고받는 걸 보며 찬미가 인규에게 조그만 소리로 말을 건넨다. '선생님, 선생님도 남자지만 남자들은 좀 이상할 때가 있어요. "누가 더 많이 먹는지 한번 해볼래?" "끝까지 갈 자신 있어? 소주 한 박스 다 비울 수 있냐고?" "너 저기서 뛰어내릴 수 있어?" "너 저기까지 갈 수 있어. 한 번에?" 이러거든요!' 조금은 엉뚱하기도 한 찬미의 말에 바위에서 눈을 뗀 인규가 긍정도 부정도 아닌 모호한 표정을 짓는다.

찬미가 인규의 반응에 개의치 않고 말을 덧붙인다. '놀이도 아니고, 맨날 사소한 거로 목숨 거는 것 같아요. 다리 부러지고, 배탈 나고, 인사불성 될 일로 다퉈요. 바위구멍을 어떻게 팠는지, 별자린지 아닌지, 그게 무슨 대수예요? 그러면 어떻고, 아니면 어때요? 그런 거로 언성 높이고 다투고, 그러다 괜히 의만 상하죠. 그런 바보짓을 왜 하는지 모르겠어요.'

듣고 보니 그렇긴 그렇다. 남자만 그러는 게 아니다. 학문한다는 사람들 사이에서도 그런 일이 자주 있다. 사소한 거로 다투다가 갈리고, 등지고, '의'까지 상하고. 인규가 눈길을 다시 바위에 꽂은 채 반쯤 수긍하는 얼굴로 고개를 끄덕인다.

넷이 천전리 글바위가 보이는 맞은편의 산자락 길 끝으로 천천히 걸음을 옮긴다. 점점이 파인 공룡 발자국에 물이 고여 너럭바위에 작은 물웅덩이들이 흩어져 깔린 듯 보이기 시작한다. 길을 돌아 너럭바위로 내려

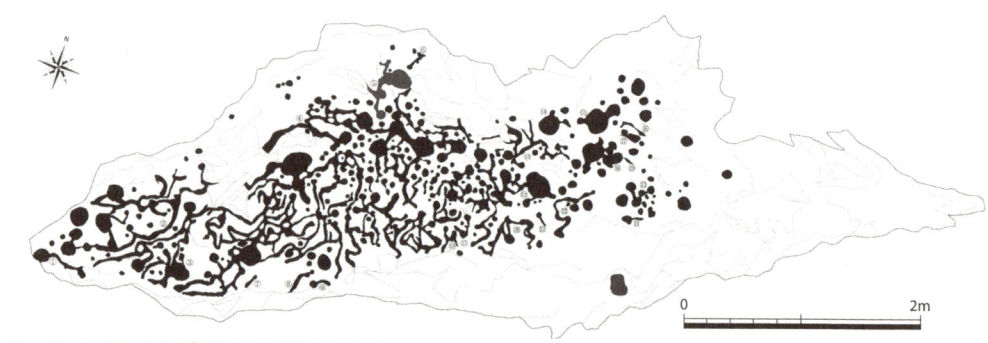

경주 서악동 바위구멍 암각화 실측도
경주 서악동 암각화 바위

184 글바위, 하늘의 문

순식간에 대지는 고요에 휩싸인다. '도대체 무슨 일이 있었던 거야?' 이렇게 묻고 싶다. 공룡 발자국 너머로 내가 흐른다. '냇물이 맑다.' 내 앞에 반쯤 잠긴 커다란 공룡 발자국을 보다가 고개를 드니 천전리 각석 전체가 한눈에 들어온다.

***

인규 일행이 천전리 각석에 들르던 날, 먼저 경주 서악동 바위구멍 암각화 바위 앞에 갔을 때 적은 메모는 일종의 바위그림에 대한 스토리텔링 구상에 가깝다. 인규가 그때를 떠올리며 메모를 다시 읽는다.

***

"자, 보세요. 이 바위 위에는 세상에서 볼 수 있는 거 없는 거 다 있어요. 용이 있지요? 별이 있지요? 여기 뱀, 개구리, 사람 얼굴도 보이지요. 사이사이에 패인 고랑은 물 흐르는 자리에요. 이 꼭대기에 물이 떨어지면 용, 뱀, 개구리 사이로, 별에 고였다가 별로 흘러내려요. 이게 북두칠성입니다. 가장 큰 구멍은 북극성이고요. 보이죠?"

바위 위를 막대기로 짚으며 등산복 차림 아저씨의 설명이 계속된다. 같은 산악회 회원인 듯한 사람들이 그를 둘러싼 채 고개를 주억거린다. 보이지 않아도, 혹 그것도 보이지 않냐? 는 핀잔을 들을까 봐 긴가민가한 표정이 보이지 않게 하려 애쓰며 고개를 주억거리는 것처럼 보이기도 한다.

　인규가 그저 구멍과 선뿐인 바위 한곳을 찬찬히 살펴보는데, 문득 바위 안에서 꿈틀거리는 기운이 번져 나오는 것 같은 느낌이 든다. 실제 아지랑이 같은 게 피어오르는 듯했다. '어라? 어렵쇼?' 인규의 눈이 동그래진다. 그새 등산복 아저씨의 목소리는 윙윙거리는 바람 소리 비슷해졌다. 그를 둘러싼 사람들도 그림자처럼 희끄무레해졌다. 그들의 작은 웅성거림이 더는 귀에 들리지 않는다.

　용이 꿈틀하더니 바위에서 튀어나온다. 바위 조각이 물방울처럼 사방으로 튄다. 뒤따라 뱀이 슬그머니 미끄러져 나와 바위 밑동 틈서리로 사라진다. 개구리가 툭 떨어지더니 곧바로 시내로 뛰어든다. '이건 꿈이야!' 인규가 눈을 비빈다. 다시 큰 바위를 쳐다본다. 바위 앞에는 아무도 없다. 등산복 아저씨도, 둘러싼 사람들도 보이지 않는다. 바위는 그대로다. 용이니 개구리니 하는 것도 보이지 않는다. 굵고 깊게 파인 동심원이니, 겹마름모 같은 것들만 있다. 그래, 저 포도송이 같은 무늬는 뭘 그린 걸까? 어떤 의미를 담고 있을까? 뱀 같이 구불거리던 선도 그대로다. 곁에 섰던 덕수가 인규의 팔꿈치에 슬쩍 손을 대며 말을 건넨다. '형님, 이제 가시죠. 쌀바위로~.'

　　　　　　　　　　＊＊＊

　석남사로 더 유명한 울산 가지산 꼭대기에는 쌀바위로 불리는 큰 바위가 있다.[51] 깨달음을 애써 구하던 어떤 스님에게 하루 한 사람 먹을 만큼의 쌀을 내주던 바위. 그 바위를 만나러 가지산으로 갔다가 부지런 떨며 남긴 메모 3장에는 앞뒤 빼곡히 스토리텔링에 가까운 글이 여러 편 적혀 있다.

속 무른 메주도 아니고? 바위 속이 빈 것도 아니고, 그 안에 뭐가 있어서 쌀이 나온다는 건가? 박이나 수세미같이 속 비고 말랑거리면 쪼개서 쓰기라도 하지. 다들 바위, 바위 하는데, 도대체 왜 그러나? 정작 쌀이 나오면 그 바위가 그 자리에 있는 것도 이상한 일이지. 뭐 집이며 마을이 바위 둘레로 옮겨가면 몰라도. 하긴 산꼭대기니 그러기도 어렵지.

가지산 쌀바위는 입소문만 무성했다. 아무 때나 쌀을 내는 게 아니라 했다. 누가 한 됫박 쌀 받아 왔다는 둥 입에서 입으로, 장바닥 이 끝에서 저 끝으로 소문만 돌았다. 정작 그 말을 누가 처음 했는지, 어디서 누가 들었는지 아무도 몰랐다. 바위가 낸 쌀, 바위 쌀로 밥 지어 먹으면 '아들 낳는다'는 말도 돌았다. 언제 어디서 이 말이 나왔는지 아무도 몰랐다. 심지어 아들 주는 바위라는 말도 나왔다. 밑도 끝도 없이 나온 말인데도 사람들은 꼭 본 듯이 말하고, 살을 붙여 말했다.

사람들이 물어, 물어 쌀바위를 찾아오더니 그 앞에서 절하기 시작했다. 어떤 여인네는 다른 사람이 없을 때 바위를 부둥켜안고 몸을 비비며 빌었다. '아들 좀 주시우. 아들. 아들 좀 주시우.' 바위를 안고 빌고 빈 여인네가 아들을 얻었다는 말도 돌았다. 바위에 빌고 그날 제 남편과 자리를 치렀더니 덜컥 배 안에 아이가 섰다는 것이다. 그렇게 얻은 아들은 '바우'라 불렸다. 마을마다 한둘씩 있는 이런 바우들의 아비는 쌀바위가 틀림없다 했다. 그러면 그 집의 사람 아비는 도대체 뭐란 말인가.

쌀바위 주변에는 늘 쌀 그릇이 여럿 놓여 있으니 바우네들이 가져다 놓은 것이다. 바위에서 아들 얻고 쌀로 감사하지 않으면 돌 지나기 전에 아이를 다시 데려간다니 어찌할 것인가. 동티나기 전에 부지런히 가져다 놓아야 한다. 바위 앞에 쌀이 떨어지면 어느 집 아이를 먼저

순창 창덕리 남근석

데려갈지 아무도 모른다 했다. 아들바위나 쌀바위나 그게 그것이 된 셈이다.

쌀이 많으면 바위가 아들 주기를 더 좋아한다니 아들 없는 집은 바위 앞에 부지런히 쌀 그릇을 가져다 놓는다. 이래저래 바위 둘레는 온통 쌀 그릇이다. 이러다 보니 바위 앞에 온 사람들은 아들이 먼저인지, 쌀이 먼저인지 모르게 되었다. 아들 주듯 쌀 주고, 쌀 주듯 아들 주고.

바위 안이 무른지, 비었는지, 안에 구렁이 구멍이 있는지, 좁쌀 구멍이 있는지 사람들은 궁금하지 않다. 쌀 그릇 올렸더니 아들 얻었다면 그것으로 된 것 아닌가. 바위 안에 뭐가 있고, 바위 밖에 뭐가 있는지 알아서 무엇에 쓰는가. 가지산 암자 스님이 괜히 바위구멍 넓혔더니 쌀바위가 샘바위가 되었다지 않는가? 바위가 아들 주고, 쌀 낸다니 그것으로 다 된 것이다.

사람들이 빌고 있다. 비느라 정신이 없다. 두리번거리지도 않는다. 엎드려 빌고, 일어나서 빈다. 섰다가 엎드리고, 섰다가 엎드리기가 끝이 없다. 벌써 해가 뉘엿거린다. 그래도 그칠 기미가 보이지 않는다. 바위 앞 맑은 개울에서 찬 기운이 올라오는 데도 아랑곳하지 않는다. 빛이 개울 건너 고개 뒤로 스러지기 시작한다. 피어오르던 물 기운이 이 신비스러운 바위 밑동을 넘어서려 한다. 낮과 밤이 자리바꿈하는 동안 물안개가 사위를 가려 온통 부옇고 아득하게 한다.

다시 해가 나기까지 바위는 용의 손안에 있으리라. 용이 감으면 바위가 보이지 않으리니 바위 앞에서 빌고 비는 일도 헛일이 된다. 저들은 떠났을까? 검고 검은 밤을 어디서 보내고 있을까? 애기못 안에 용궁이 있다는데, 그곳에서 곤한 몸을 뉘고 있을까?

인규가 다른 메모지에 눈길을 준다. 다 상상이지만, 제법 그럴듯하다. 언제나 그렇듯 화자는 인규 자신이다.

아마 성치 못한 몸을 가진 이, 몸이 온전치 못한 이, 붓거나 이지러지거나 어디 한두 군데서 고름이 흘러내리는 이는 이렇게 빌었을 것이다. '신령님, 바위 신령님, 바위 아버지여. 전생(前生)의 업으로 성치 못한 몸, 어찌하오리까. 사람이면서 사람처럼 살기 너무 힘듭니다. 선업(善業)은 또 어떻게 닦고요. 내세 전생(轉生)을 기약하기도 어렵군요. 좋은 세상, 온전하게 태어나고 싶어도 어찌할 방도가 없습니다. 도와주십시오. 이렇게 엎드려 비오니, 비는 것으로도 선업이 되게 하소서. 바위 신령님, 절집 스님도 슬그머니 고개를 돌리고, 동자승도 이맛살을 찌푸리며 코를 쥡니다. 물에 들어가 다 씻어 내려 해도 그저 벌겋게 부어오를 뿐입니다. 신령님, 신령님, 바위 아버지여. 다시 나게 하소서. 이 앞에 엎드려 생을 드리려 하니, 새 몸을 주소서.'

'이 바위에 붙은 시간. 바위가 만들어지기 이전부터 지금까지의 시간. 그 앞에서 선 사람들도 자기의 시간을 이 바위의 시간과 마주치게 했지. 자기가 나섰지만, 시간은 시간대로 흐르며 사람과 바위 사이에 '기억'을 남기고 바위에 그 흔적이랄까, 그 순간을 새겨 붙박이게 했겠지. 그러면 바위에 붙잡힌 기억이나 경험, 소망, 한탄, 고뇌 같은 것들이 엉킨 채 또 다른 시간을 기다릴 거고. 녹고 풀려날 때까지. 새로

운 기억이나 소망이 덧붙여질 때까지.'

메모를 다 읽은 인규가 몸을 젖히며 책상 앞에 가까이 붙었던 제 몸과 의자를 뒤로 밀어낸다. 한 시간 가까이 컴퓨터 자판에는 손도 대지 않고 깨알 같은 메모만 읽었던 탓에 모니터는 스위치를 끈 것처럼 검다. 화면 보호 상태다. 목을 뒤로 젖힌 채 좌우로 흔들던 인규가 앉은 자세를 고치며 두 손으로 얼굴을 비비며 생각에 잠긴다.

'쌀바위라, 그럼 천전리 글바위에서는 글이 쏟아져 나왔나? 가지산 쌀바위 스님이 쌀 구멍이 넓히니, 쌀 대신 물이 흘러나왔다고 했지? 쌀바위가 샘바위가 된 거로군. 쌀바위든, 샘바위든 이런 바위는 대개 예외 없이 신성한 신앙 대상이었을 것 같은데, 천전리 글바위에는 왜 그런 전설이 덧붙지 않았지? 화랑에, 스님에, 귀족과 왕실의 사람들까지 앞서거니, 뒤서거니 수없이 다녀갔는데, 글바위 전설 같은 건 왜 생기지 않았을까? 내가 한 번 써 봐.' 다시 책상 앞으로 의자를 당긴 인규가 뭔가 깨달음이 큰 듯 부지런히 자판을 두들기기 시작한다. 인규 스스로는 옛날 종로의 뉴-타자 학원에서 시범을 보이던 베테랑 강사의 리드미컬한 타자 소리를 제가 내는 것 같이 느낀다.

바위에서 글이 쏟아진다고요? 쌀이 아니라? 그럼, 그걸 됫박으로 받아요? 종이에 담아요? 나무판을 받쳐 두면 그 위에 쏟아지나요? 글을 받거나 담았다 쳐요. 삶아요? 구워요? 쪄요? 튀겨요? 그러고 나면 책이 되요?

독에 담아 두라고요! 잘 익을 때까지요? 절여요? 삭혀요? 절이면 뭐하고 삭히면 뭐하죠? 먹지도 못하는걸? 삭히고 익히면, 맛이 나요? 젓갈이 될 것도 아니고, 과일주가 되는 것도 아니면, 뭐가 되죠? 편지니 책이니 그런 게 되어 나오나요?

　그나저나 왜 바위에서 글이 쏟아진다는 거죠? 바위 안에서 글이 자라요? 아니면 바위 안에서 누가 글을 키우나요? 바위 안에 글밭이 있냐고요? 글로 씨를 틔우고 글로 모를 내는 사람이 있나요? 글을 씨앗처럼 털어내고 열매처럼 떨어뜨리는 사람이 있어요?

　보이지 않는가? 바위에 글이 심겼는걸. 골도 있고 둑도 있어. 글씨 심을 때 줄을 띄운 게 확실하군. 씨앗 종류도 많아. 굵게 나올 것은 깊게, 잘게 나올 것은 얕게 심었어. 봐, 주렁주렁 달리라고 아예 덩어리째 심은 것도 있네. 그런다고 주렁주렁 덩어리지듯이 달리지는 않겠지만 말일세. 싹 나오고 자라면 또 솎아내는 게 농사야. 김매듯이 솎아내. 그럴 때 잘 가리는 게 중요해. 잘 자랄 놈이 있고 웃자라다 제풀에 꺾이는 놈이 있거든. 제 몸 제가 타고나. 실하게 맺을 놈은 그 자리에 있게 되고 솎아질 것은 솎아지게 돼. 비바람에 꺾이는 놈, 빛을 못 받아 알이 단단하게 박히지 않는 놈. 그런 건 어쩌지 못해. 한 이삭에도 알 든 게 다 다르거든. 여무는 게 다 달라. 거둬서 씨를 뺄 때까지는 몰라. 모르지. 아무도 몰라.

　그래 듣고 보니 알기 어렵겠다. 다 모르겠어. 모르는 이야기야. 말도 익숙하지 않아 알아들을 수 없어. 글바위라니, 쌀바위가 아니라 글바위라니! 바다 깊은 곳에 소금 내는 맷돌이 있다는 말은 들었다. 그러나 글 내는 바위라니 그런 바위가 어디 있는가? 바위가 글을 내서 어쩌자는 건가? 그 글이 논어, 맹자가 된다 해도 배고픈 무지렁이 백성에게는 아무 소용없는 일 아닌가? 내다 팔 수 있으면 쌀이라도 받아 오지, 누가 글 사겠다고 쌀을 내겠는가? 한 됫박 글로 쌀 살 수 있으면 얼마나 좋겠는가?

　　글이 쌀이 된다고? 글로 쌀을 바꿀 수 있다고? 글 사려는 사람은 줄을 섰다고? 어느 시대에? 누가 그러던가? 글이 쌀이 된다니! 글이 쌀이 돼? 글이 쌀이라고?

　　내가 글을 사겠소. 내가 사리다. 글 값이 얼마요. 글 값을 내지. 됫박으로 팔 거요? 가마니로 팔 거요? 금을 원하오? 은을 원하오? 재물이오? 음식이오?

　　마음을 주시오. 마음 한 조각에 글 한 됫박이오. 여기 있소. 내 마음 받으시오. 고맙소. 글 한 됫박 받으시오.

　　마음이 거름이라. 한 됫박 글로 한 수레 마음을 얻었으니 크게 남는 장사로다. 수레 하나 마음이면 글은 한 가마 나오니 열 곱에 열 곱 장사 아닌가? 다시 이랑 내고 글씨 심으니 이슬비 내리듯이 기운을 부어 글씨가 싹 틔우게 하리라. 비 내린 뒤 빛 쪼이듯 그렇게 기운을 더 하리라. 이 바위에 김 서리고 빛이 들 때 빛나는 글, 단단히 익은 글이 알알이 쏟아지게 하리라. 그치지 않고 쏟아져 나오게 하리라.

　　내가 산, 이 됫박 글에 무엇이 있는가 보자. 글 안에 심은 손의 마음이 있고 말과 숨이 붙어 있구나. 웃음과 탄식이 같이 있구나. 눈물이 이슬처럼 어렸고, 미소가 국화 피듯이 피었구나. 해바라기도 채송화도 아니로다. 질경이도 찔레도 아니로다. 앵두도 버찌도 아니구나. 너는 사람이요, 그 얼굴이구나. 생각이며 지혜로다.

　　됫박 안의 글이 살아 숨 쉬는구나. 길을 찾는구나. 제 짝이 누군지 알고 싶어 하는구나. 길 가다가 누구를 만날지 쳐다보며 묻는구나. 글이 자리를 찾아 앉기를 원하는구나.

한달음에 쓰고 보니, 말이 이어지다가도 툭툭 끊어진다. '거참.' 달리 이을 방법도 생각나지 않는다. 인규가 자리에서 일어난다. 마침 과일 접시를 들고 서재로 들어오던 아내 수경과 눈이 마주친다. '왜? 지쳤어요?' 수경이 눈웃음 지으며 다정하게 말을 건넨다. '아냐. 쓰다 보니 말이 편하게 이어지지 않네. 잠깐 나갔다가 오려고. 당신도 같이 나갈래요?'

영험한 바위 앞에 절집을 짓다.

결혼한 지 이십 년 가깝도록 이 대학, 저 대학 강사 생활만 하다 이제 겨우 연구교수 자리 하나 얻은 남편에게 그동안 뭐라 한마디 하지 않은 아내 수경이 인규는 고맙기만 하다. 방학이면 가족휴가 비슷하게 어디 다녀오기라도 해야 하는데, 주변머리 없는 인규는 제 입으로 그런 말을 꺼내는 일도 없었다. 대개 방학이 끝날 즈음 가게 되는 1박 2일이나 2박 3일짜리 소박한 휴가 일정은 아내 수경이 짰다.

올해 여름휴가는 경주. 아마 아내 수경이 바위 이야기에 매달린 남편 인규를 배려하며 짠 일정인 듯했다. 인규는 그걸 아는지 모르는지 그저 희색만면. 경주는 인규가 제 손바닥 보듯 잘 알고 많이 다닌 곳이니 그럴 만도 했다. 나름 신이 난 인규가 가족여행 가이드가 되어 봉길해수욕장과 대왕암, 감은사지도 다녀오고 내친김에 천전리 각석과 반구대 암각화에 들러 방학 내내 글 주제로 삼았던 암각화 풀이도 해주었다. 어쨌든 인규가 보기에 이번 휴가는 가족 모두 대만족이다.

영험한 바위라고 했다. 바위에 이름을 남기면 세상에서 크게 이름을 날리며 후세에 길이 남는다고 했다. 화랑들이 다투어 이 바위를

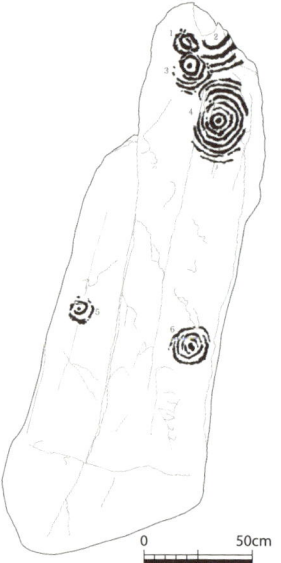

대구 달서 진천동 선돌
대구 달서 진천동 선돌 암각화 실측도

찾는 것도 이 때문이라고 했다. 스님들은 관음보살을 친견했다고도 하고, 문수보살에게서 계를 받았다고도 한다. 서라벌의 거리며 절집과 절집 사이로 이런 말들이 건너다녔다. 말에 살이 붙으며 바위는 더욱 신비한 무엇이 되었다. 심지어 하늘장수가 이 바위를 지킨다는 말도 돌았다.

"좋은 기운이야. 관음과 문수께서 오실만한 곳이기도 해."

혜공(惠空)이 글바윗골 길에 접어들며 혼잣말로 중얼거린다. 길섶에 금표(禁標)였던 듯한 바위기둥이 있다. 선돌이다. 바위 대가리에 붉은 기운이 어른거린다. 사람의 손을 탄 듯 바위 목에는 얕은 구렁이 여러 줄 나 있다. 누군가 새기고 갈았던 흔적이 틀림없다. 혜공이 싱긋 미소 지으면서 잠시 걸음을 멈추고 바위기둥 이곳저곳에 눈을 준다.

"오래되었어. 사람들 여럿이 이 앞에서 치성을 드렸군. 아주 오래 전 일이야."

서라벌에서 멀리 떨어진 곳은 아니다. 그렇다고 가까운 곳도 아니어서 혜공같이 어디 기댈 데 없는 스님이 작은 절집 내어 머물기에 적당한 곳이다. 서라벌에서 겪는 번잡하고 어지러운 인연을 씻어 내기에 딱 맞다고나 할까. '초가삼간 절집 자리나 한번 찾아볼까나?' 혜공이 장난스러운 표정으로 코를 킁킁거리기도 하고 눈길을 사방으로 굴리기도 한다. 시내 곁으로 난 작은 길에 띄엄띄엄 사람의 발이 닿았던 흔적이 보인다.

'이것이 그 바위로군.' 혜공이 보니 바위 앞에 여러 기운이 흐른다. 바위가 내는 크고 맑은 기운 사이로 무겁고 슬픈 상념들이 여러 올 머리카락처럼 가늘게 이어지다가 끊긴다. 서로 얽어진 것도 있다. 어제그제 사이에 여러 사람이 이 바위 앞에 서 있었던 것 같다. 그들이 남기고 간 흔적들이 이제 막 흩어지고 있다. 바위 앞의 내로 떨어져 내린 기운들은 이미 물에 녹아 멀리 흘러내려 간 듯 자취가 없다. 혜공이 내 앞 너럭바위로 발길을 돌린다. 두어 곳 불을 놓았던 흔적이 남아 있다. 아마 이곳에서 이바지 일을 했던 듯하다. 너럭바위 곁으로 눈길을 돌리니 가래떡처럼 산등성이를 향해 길게 뻗어 나간 숲이 보인다. 세 갈래로 나뉜 숲의 가운데 줄기는 중턱이 슬쩍 턱이 졌다. '저 아래가 절집 넣을 자리군.' 한다. 혜공이 손을 휘저으며 한가운데로 길을 내며 위로 오른다.

'서라벌을 멀리 떠나 아예 자취를 감출까?' 혜공이 이런 마음을 먹으려 하면 가슴속 깊은 곳에서 석가의 말씀이 흘러나온다. '너만 편하려면 그렇게 하려무나.' 그럴 때마다 혜공은 '움찔'한다. 그런 순간에는 '살아 있는 여래'라며 혜공을 따르는 여염의 백성들이 눈에 밟힌다. '여전히 이기심을 버리지 못했구나.' 하는 여래의 소리가 귓전을 울린다. '그래, 석가도 제 편하자고 궁성에 남지 않았다. 그렇다고 속세에

파묻히지도 않았지. 속세를 아예 떠나지도 않았고.' '나 역시 세간과 출세간의 언저리에 살아야 하는가? 이렇게 불편하게 사는 게 도를 구하는 자의 길인가.' 묻고 또 묻는다. 그럴 때 여래는 침묵한다.

과연 턱진 등성이에 이르니 세 칸 절집 놓을 만한 대지가 눈 앞에 펼쳐진다. '어렵쇼. 벌써 오래전에 절집이 들어섰던 곳이로군. 어쩌다 폐사(弊寺)가 되었을꼬? 주춧돌도 온전하니 여기에 다시 기둥만 올리면 되겠어.' 물끄러미 폐사지를 바라보던 혜공이 글바위 쪽으로 몸을 돌린다. 너럭바위와 시내, 글바위가 한눈에 들어온다.

자네는 예서 무얼 구하는 건가. 권세인가. 명예인가. 부유하고 화려한 삶인가. 아니면 큰 깨달음이나 별스러운 즐거움인가. 벗인가. 아름다운 여인인가. 무엇이 자네를 이리로 걷고 오게 하였는가. 제 발로 왔는가. 권함을 받고 왔는가. 억지인가. 기꺼운 마음인가. 이제 여기서 무엇을 보려는가. 옛사람의 말씀인가. 산신의 얼굴인가. 추억인가. 꿈인가. 경험인가. 흔적인가.

스님, 저는 그저 이 바위의 기운에 끌려 여기까지 왔습니다. 나라가 온전하고 백성의 삶이 즐겁다면 더 바랄 게 무엇입니까. 알지신이 신라와 서라벌을 위해 목숨을 내놓으라 하면 그럴 참입니다. 즐겁게 칼에 베이고 창에 찔릴 셈입니다. 달리 무엇을 구하겠습니까. 사사로이 구하는 마음이 있어 이곳에 걸음 하였다면 알지신이 가만두지 않으실 것입니다. 산신도 저를 돌아보지 않고 오히려 호랑이와 곰을 보내 제 몸을 찢게 할 것입니다.

그런 마음이면 되었네. 내가 자네의 이름을 이 바위에 새기겠네. 이 바위에 이름이 오르면 바위와 깨지지 않는 맹세를 하는 셈이니 마음이 변하지 않아야 한다네. 바위를 깨지 않으면 맹세는 그대로이고

경주 황룡사지 당간지주
천전리 각석 원명 부분

　지키지 않으면 산신이 나서고 용왕이 나설 것이야. 천왕이 나설 수도 있지. 정말 지키기 어렵다고 생각되면 스스로 정을 들고 자신의 이름을 쪼아내도 되네. 쪼고 쪼아 이름을 읽을 수 없게 되면 바위와의 맹세에서 풀려나지. 물론 이름은 땅에 떨어지고, 말일세. 여기 보시게. 이 작은 돌조각들. 누군가 대신해서든가 아니면 스스로 쪼아 내 땅에 떨어진 이름들일세.

　　또 한 무리의 화랑과 낭도들이 글바위를 찾았다. 한가위 이래 세 번째다. 봄여름 사이에 좀 뜸하더니 다시 사람들의 발길이 띄엄띄엄 이어진다. 풍류를 찾는 자들, 길 다운 길을 찾는 자들이 바위 근처를 기웃거린다. 기이함을 찾는 자도 있고 영험함을 경험하려는 자도 있다. 험하고 깊은 길을 지나왔으니 그 정성이 갸륵하다 할 수 있다. 그러나 글바위에 와도 글바위의 주위를 서성거릴 뿐이다. 글바위에 마음을 두고 글바위에 눈을 맞추는 자는 만나기 어렵다. 오기는 오되 알지 못하고 구하기는 구하되 만나지는 못하는 셈이다.

'늘 있는 일이야. 제 모습을 알지도 보지도 못하는 게 사람이로다.' 혜공의 눈에는 누구나 장님이며 귀머거리다. 혜공이 글바위 앞 내가 흐르는 소리에 귀를 기울이며 중얼거린다. '내려올 물은 다 내려왔구나. 소리가 편하게 잦아드니 더는 급할 일이 없음이라. 글바위를 오갈 자도 오늘 내일로 그치리라.' 혜공이 다시 망태를 등에 진다.

너럭바위 곁 산길은 혜공의 발걸음으로 만들어졌다. 여러 해 쌓인 낙엽으로 푹신거리는 이 길은 혜공의 양식 길이요, 땔감 길이요, 여래 마음 길이다. 사람들은 나뭇길이며 개울 옆길로 다니기를 좋아하나 혜공은 걷지 않은 길, 길 없는 길로 걷기를 즐긴다. 헛디뎌 다칠 일 없는 길, 찾기 쉬운 길에 익숙지 않다. 사람 발길 세 번이면 뱀도 달아난다 했다. 그러나 혜공은 앞 사람 발자국 따라 길을 걷던 데서 벗어난 지 이미 오래다.

물이 너무 불어 큰 바위 위로 차오릅니다. 소용돌이도 심해지고 소리도 크니 애기못의 용이 우는 듯합니다. 아무래도 심상치 않습니다. 큰 바위 밑의 크지 않은 놈들은 물살에 이리저리 구르겠어요. 물 빠지면 풍경이 많이 달라질 수도 있겠습니다. 스님, 물이 더 차오르면 부처님 모시고 잠시 절집에서 나와야겠습니다. 혹 몰라서요. 이러다가 물러진 흙더미 저 언덕에서 떡진 채 미끄러져 내려오고 그 참에 바위도 구르면 어떨지 걱정이 됩니다.

그렇구나. 여기 그대로 있자. 여래께서 지켜주시리라. 글바위 큰 바위는 염려할 것 없다. 천 년 뒤에도 그 자리에 있을 것이다. 예, 큰 스님. 그나저나 비는 언제 그칠까요? 끝없이 퍼붓습니다. 공양 짓기도 어렵네요.

스님, 큰 스님~. 글바위 앞 풍경이 달라졌습니다. 큰 바위 형제 될 만한 바위 하나가 우뚝 자리 잡고 섰습니다. 누웠던 것이 일어난 듯합니다. 물살이 밀었는지 저 스스로 일어났는지 모르지만요. 이놈아, 그건 애기못 용이 한 일이다. 내 자리야. 내 앉을 자리 좁을까, 용이 일으킨 거지. 옛적 글바위 앞 하늘문 곁 기둥이던 것이 하릴없다 하품하며 꾸벅거리다가 애기못 용에게 한바탕 야단맞고 삐쳐 누워 버린 거지. 이제 성났던 마음도 가라앉은 게지. 스님, 농이 과하십니다. 바위가 무슨 마음이 있다고 그러세요. 하품은 또 뭐고요. 그래도 자리는 좋네요. 물기 말랐으니 한 번 가 앉아 보시지요. 글바위도 한눈이요, 애기못에 바위 절벽도 한눈이며, 절집도 눈 안에 쏙 들어옵니다.

부처가 뭔가? 석가가 기억하지 말라, 잊으라, 상을 만들지 말라 그랬다네. 제자들은 기억하고 싶었어. 글로 남기기로 했네. 가르침을, 그 말씀을 말이야. 그래도 아쉬웠네. 수레바퀴로, 발로, 상으로 그를 다시 만나려고 애썼지. 그 사이에 '네 길을 찾아라. 좌우를 보지 말라. 가라.'는 말씀은 잊었어. 물론 그런 말씀은 기록되었지. 글로 남았어. 그러면서 화석이 된 것이지. 수레바퀴니 발바닥이니 하는 것도 석가가 화석이 되는 과정이었지. 그의 깨달음, 가르침도 마찬가지야. 화석이 되었어. 감상의 대상이 되었어. 박물관 전시장에 들어간 거야. 이보게, 석가의 일생이라는 게 뭔가. 건물에 붙은 그의 얼굴이나 손, 발 같은 건 또 뭔가. 그냥 장식 아닌가. 그가 원하지 않았고, 그가 깨달은 것도 그런 것이었네. 화석이 된 가르침에서지만 내가 읽어낸 것이 그것이야.

스님, 그래도 그 덕에 우리가 석가를 알게 된 것 아닌가요. 석가가 꿈꾸고 이루려고 애쓰다가 다 버려서 얻은 것이 뭔지를 느낄 수 있게 되었지요. 천축의 왕자 하나가 부귀에서 떠나 영원한 무엇에 가까워졌다는 사실이 우리에게 전해진 것이지요.

　아니야. 그래서 가뜩이나 어지러운 세상에 실타래 하나가 더해졌어. 그가 깨달은 무엇이 실타래인가요. 여래가 이른 자유로운 세상을 세상이 꿈꿀 수 있게 되었지요. 그게 우리에게는 덕이지요. 자네 말에도 일리는 있어. 그러나 뒤집어보세. 알지 못해 더 좋을 수는 없는가. 새로운 게 더해진다? 오히려 낡고 어지럽게 만들어 버릴 수도 있네. 앞으로도 이런 일은 늘 있겠지만 말일세.

　스님, 신 아닌 신으로 범벅이 된 세상에 부처 하나 나와 등불 되었다고 생각됩니다. 불이 밝혀져도 그늘은 있습니다. 그늘이 있으면 불 비치는 곳이 있다는 뜻도 되지요. 불도 없이 온통 어둠뿐인 세상, 제가 소경인지도 모르고 사는 것보다 낫지요. 눈뜬 소경 신세는 면하는 게 좋지 않습니까?

바위신앙이 이어지다.

　'자, 이제 정말 마무리다.' 접시에 남은 사과 한 쪽을 마저 입에 넣으며 인규가 어깨를 몇 차례 으쓱거린다. 굳었던 근육을 풀기 위해서다.

　근래까지 바위는 민간 신앙의 주요하고 보편적인 대상이었다. 세계 많은 지역의 민속에서 바위는 신이 내려와 머물거나 신의 능력이 내재하는 곳이다. 신이 자신을 드러낸 상태로 여겨지기도 한다. 산이나 바위를 신의 몸으로 여기고 모시는 사례는 일본의 신사(神祠)에서도 다수 확인된다. 바위 앞에서 빌거나 바위에 제사 드리는 행위는 지금도 민간에서 이루어진다. 바위에 금을 긋거나 특정한 형상을 새기는 행위는 바위 신앙이 전제된 것이다.

　전국적인 분포를 보이는 기자(祈子) 바위에는 보통 아기 배기를 간구하여 효험을 보았다는 경험담이 덧붙어 있다. 커다란 바위 위의 알구멍[성혈]들은 바위 앞에서 행해지던 기도 행위, 곧 바위 갈기의 결과물이다. 알바위나 남녀 성기 형태의 바위인 남근석, 여근석과 관련된 민담도 전국적인 분포를 보인다. 때마다 쌀이 쏟아져 나왔다는 쌀바위 전설도 전국적으로 확인되는 바위신앙의 한 자락이다. 전근대에는 물가의 큰 바위 앞에서 기우제를 지내기도 했다.

　천전리 각석 역시 경주, 울산지역 민간 바위신앙의 대상이었음이 확실하다. 일반인의 접근이 어려운 깊은 골짝 안에 있어 다른 곳의 바위보다 더 신령스럽게 여겨졌을 수 있다. 그러나 언양에서는 멀지 않아도 경주나 울산 중심에서 이 바위를 찾아오기는 쉽지 않다. 이런 까닭에 통일신라시대 이후에는 이 바위에 빌어서 효험을 보았다는 이야기의 파급 범위가 좁아지고 이 바위를 찾는 발길도 점차 뜸해졌을 수 있다. 아마도 천전리 각석 앞을 흐르는 대곡천 건너 너럭바위 옆 대지에

경주 조양동 거북바위
함안 도항리 바위구멍 암각화 고인돌

세워졌던 반고사가 폐사가 되면서 이 바위를 찾는 사람들의 발길이 한산해졌던 듯하다.

울산의 반고사는 원효(元曉)대사가 머물며 유명한 『금강경론소』를 집필한 곳으로 전한다.[52] 삼국시대 신라의 법흥왕이 불교를 공인하고 흥륜사를 지어 불교 신앙을 확산시키려 애쓸 즈음 법흥왕 일가와 관련이 깊은 울산 천전리 각석 인근에도 불교사원을 세우려는 움직임이 있었을 가능성이 크다. 천전리 각석이 왕실, 귀족, 화랑들이 다녀가는 성소가 되었기 때문일 것이다.

그러나 신라 왕경의 끝자락이고 산골짝 깊은 곳에 세운 절이었던 까닭에 반고사에 세상 사람들의 발길이 자주 이어졌을 가능성은 그리 크지 않다. 예나 지금이나 변두리에는 특유의 분위기가 있다. 기독교에 비유하면 반고사는 수도원처럼 여겨지고 운영되었던 듯하다. 원효대사가 얼마 동안 이곳에 머물며 집필에 몰두한 것도 이런 조건과 분위기 때문이었을 것이다.

원효대사의 스승이자 벗이었던 승려 혜공은 신라의 귀족 천진공 집 고용살이 노파의 아들로 태어났다. 그는 승려가 된 뒤 왕경의 불교사원들을 감싸고 있던 고급스러운 분위기와 거리를 두려 한 인물이다. 혜공은 불교의식을 성대하게 치르면서 호의호식을 당연시하던 왕실과 귀족 사회 후원자들과 어울리려 하지 않았다. 등에 삼태기를 매고 자유롭게 다니며 백성들의 아픔과 주림을 어루만지던 혜공이 마음을 열고 사귀던 거의 유일한 인물이 원효스님이다. 한국불교사에서 가장 빼어난 인물들이라고 할 수 있는 두 사람이 만나던 곳이 울주 반고사와 영일 오어사다. 『삼국유사』는 혜공과 원효 사이에 있던 일화를 이렇게 전한다.[53]

'신이함이 이미 나타나 마침내 출가하여 중이 되었고 이름을 혜공으로 바꾸었다. 작은 절에 상주하면서 언제나 미친 것처럼 만취하여 삼태기를 지고 거리에서 노래하며 춤을 춰서 부궤화상(負簣和尙)이라 불렸다. 살고 있는 절은 부개사(夫蓋寺)라 불렸는데, (부개는) 곧 궤(簣)의 향언(鄕言)이다. 매양 절의 우물 안에 들어가 수개월 동안 나오지 않았다. 이로 말미암아 법사의 이름을 그 우물 이름으로 불렀다. 우물에서 나올 때마다 푸른 옷의 신동이 먼저 솟아 나왔으므로 절의 중이 이로써 기다리게 되었고, 나오면 옷은 젖어 있지 않았다.

  만년에 항사사(恒沙寺, 지금의 영일 오어사)로 옮겨 머물렀다. 이때 원효가 여러 경소(經疏)를 찬술하고 있었는데 매양 법사에게 와서 질의하거나 서로 농담을 주고받았다. 어느 날 두 사람이 개울에서 물고기와 새우를 잡아먹고 돌 위에 똥을 누고 있었다. 혜공이 그것[똥]을 가리키며 희롱하여 말하기를 "네 똥은 내가 먹은 물고기다"라고 하였다. 이로 말미암아 절 이름을 오어사라 하였다. 어떤 사람은 이를 원효의 말이라고 하나 잘못이다. 향속에 그 개울을 모의천(芼矣川)이라고 잘못 부른다.

  구참공이 일찍이 산에 유람하러 갔다가 혜공이 산길에 죽어 쓰러져 있는 것을 보았다. 시신이 부어오르고 문드러져 구더기가 생긴 것을 보고 오랫동안 슬퍼하였다. 말고삐를 돌려 성에 들어가니 혜공이 저잣거리에서 만취하여 노래를 부르고 춤추고 있었다.'

 겨우, 겨우 마무리 짓고 나니 왠지 섭섭하다. 뭔가 더 넣을 말이 있을 것 같은데, 바로 떠오르지는 않는다. 모니터 화면을 뚫어지라 쳐다보던 인규가 못내 아쉬운 듯 파일을 저장하고, 메일로 내게 쓰기를 한 뒤 의자에서 천천히 일어난다. '내가 바위신앙을 제대로 알고 쓴 건가? 바위그림의 선과 선 사이에 슬쩍슬쩍 덧붙어 있던 그 시대 사람들의 이야기를 온전히, 아니 일부라도 읽어내기는 읽어낸 건가? 내 해설문을 읽고 신라 사람들이, 알지 왕가 사람들이 이마에 주름을 넣으며 고개를 절래절래 흔들면 어떻게 하지? 그냥 서양사람처럼 어깨를 으쓱하거나 한 번만 봐달라는 식의 어색한 표정만 짓고 말아?' 인규가 선 채 허리를 살짝 구부려 컴퓨터 끄기를 한 뒤, 두 팔을 활짝 펴며 크게 기지개를 켠다. '그래, 일단 여기서 끝내자. 혹, 책으로 나오게 되면 그때 가서 한 번 더 손 봐야지. 어쨌든 오늘은 여기시 끝이다.' 인규가 서재에서 나오며 아내 수경을 부르며 제법 큰 소리를 낸다. '여보, 나 끝냈어. 글바위 이야기!'

* 천전리 각석이 소재한 대곡천 일대에서는 청동기시대 주거지와 삼한시대 목곽묘, 삼국시대 목곽·옹관·적석목곽묘 등 1,000여 기가 넘는 유구가 발굴 조사되고 다양한 유물이 수습되었다. 비록 신라 왕경의 끝자락이지만 청동기시대부터 대곡천 변의 좁은 평지에 기대 마을을 세우고 농사짓던 사람들이 늘 있었음을 알 수 있다. 대곡천 상류에 댐이 만들어지면서 이 일대의 선사 및 고대의 유적 상당수는 수몰되어 더는 옛 자취를 찾아내기 어려워졌다.

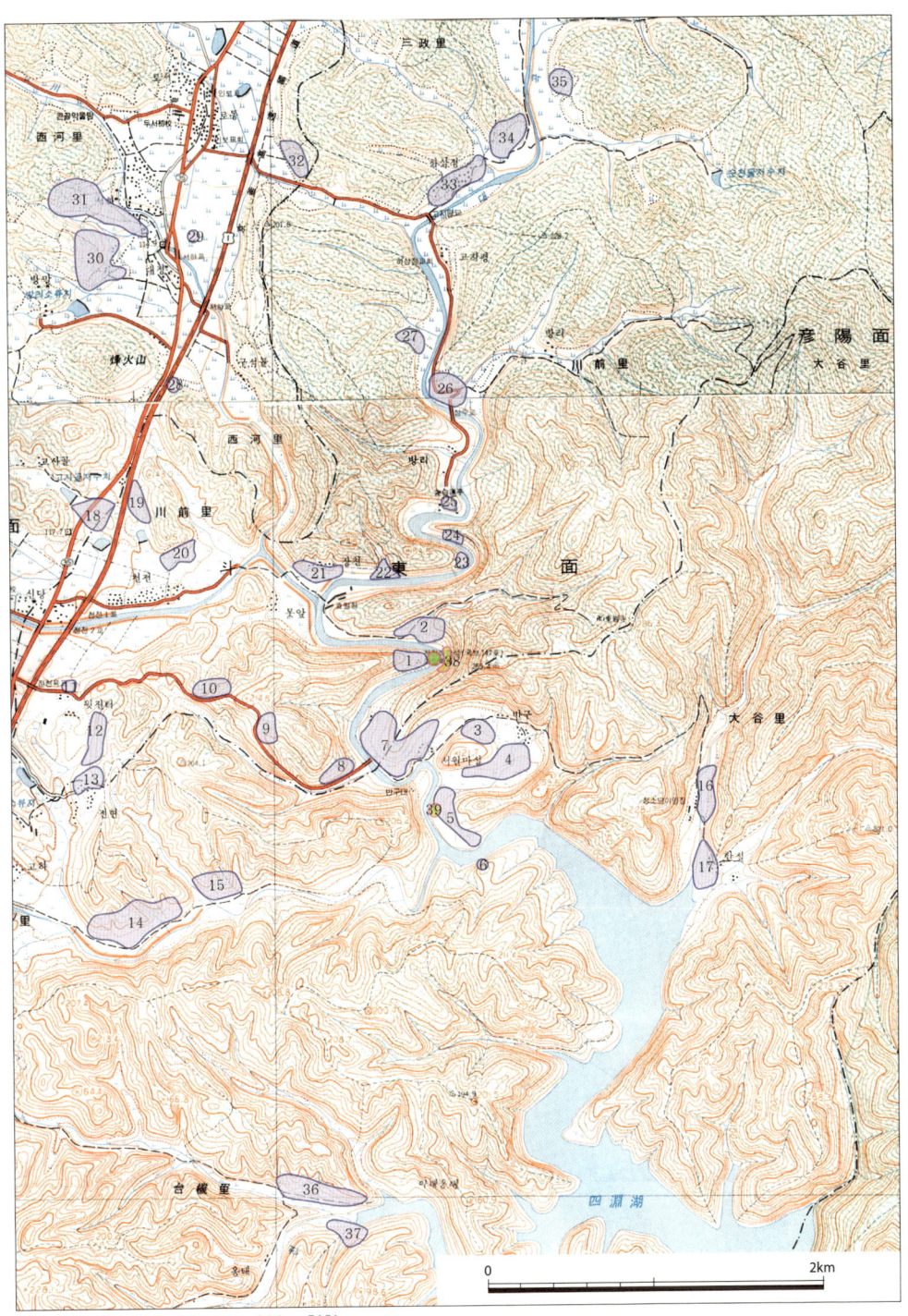

울산 대곡리 및 천전리 일대 유적 분포 현황

번호	유적명	시대	유적 성격
1	울주 천전리 유물산포지	삼국	천전리 암각화가 위치한 구릉 능선으로 삼국시대 토기편 등 확인. 삼국시대 분묘와 주거지 등의 분포 가능
2	울주 천전리 반고사지	통일신라	천전리 암각화의 북쪽 구릉 사면에 위치. 탑신, 옥개석이 흩어져 있고 탑신은 부산대학교 박물관으로 옮겨졌다.
3	울주 대곡리 유물산포지	조선	반구마을 서쪽 구릉 사면에 위치. 조선시대 백자와 토기편이 채집. 조선시대의 주거지와 분묘 등이 분포 가능.
4	울주 대곡리 동매실 유물산포지	조선	반구마을 남쪽 동매실들에 위치. 타날문 토기편과 자기 등이 채집. 조선시대 주거지와 건물지 등이 분포 가능.
5	울주 대곡리 반구대 유적	조선	반구대 암각화 북쪽 구릉 서쪽 사면 말단부에 위치. 기왓가마가 노출되어 있고 다량의 기와 채집. 조선시대 기와 가마와 주거지, 건물지 등이 분포할 것으로 생각됨.
6	울산 대곡리 반구대 암각화	신석기-청동기	국보 285호. 불규칙한 단애의 하단부 수직 암벽에 여러 물상의 암각화 존재. 암각화가 새겨진 바위면은 모두 10여 개에 이름. 주암면의 크기는 높이 4m, 너비 8m가량이며 현재 바위면 그 앞쪽으로 최근까지 진행된 발굴조사에서 81개의 중생대 백악기의 공룡 발자국이 다량 확인됨. 1965년 울산공단에 공업용수를 공급하기 위해 사연댐이 만들어지면서 그 안에 속하게 된 유적으로 댐 건설이후 연중 대부분 물에 잠겨 있으며 봄의 갈수기 때에 그 모습을 드러낸다. 현재 울산시와 문화재청의 보존대책을 위한 협의와 정책시행을 위한 협약과 조율이 진행 중이다.
7	울주 대곡리 서원 유물산포지	고려	반구서원 구릉 서쪽, 남쪽 사면에 위치. 청자와 백자, 토기편 등이 채집. 고려시대와 조선시대 주거지, 건물지 등이 분포 가능.
8	울주 천전리 압골요지 3	조선	반지하식 평요. 길이 690cm, 잔존 폭 250cm, 깊이 72cm로 조선시대~현대에 흑탄 생산.
9	울주 천전리 압골요지 2	고려	소성실 일부 확인. 내부에서 확인된 자기들과 그 자기들의 편년으로 볼 때 13세기 중기말~14세기 말기에 만들어진 가마.
10	울주 천전리 압골요지 1	통일신라	소성실 일부가 확인되며 반지하식 평요. 내부에서 옹 구연부 편이 확인되는데 여기에 시문된 인화문을 기준으로 볼 때 7세기 중엽~8세기 전엽으로 편년.
11	울주 천전리 진현유적	청동기	주거지 2기 확인. 모두 4주식으로 추정. 주거지 내에서 구순각목공열문이 시문된 무문토기가 확인되어 청동기시대 전기로 편년됨.

조사기관, 참고문헌	조사
울산광역시, 2003, 『문화유적분포지도-울주군』	지표
울산광역시, 2003, 『문화유적분포지도-울주군』	지표
울산광역시, 2003, 『문화유적분포지도-울주군』	지표
울산광역시, 2003, 『문화유적분포지도-울주군』	지표
울산광역시, 2003, 『문화유적분포지도-울주군』	지표
국보 제285호 황수영·문명대, 1984, 『반구대 암벽조각』, 동국대학교 울산대학교 박물관, 2000, 『울산 반구대 암각화』 국립문화재연구소, 2011, 『반구대 암각화』 울산암각화박물관, 2013, 『한국의 암각화시리즈Ⅲ 울주 대곡리 반구대 암각화』 국립문화재연구소, 2013.08.30.~11.30 발굴조사 진행	문화재
울산광역시, 2003, 『문화유적분포지도-울주군』	지표
울산문화재연구원, 2005, 『울산천전리 진현·압골유적』	발굴
울산문화재연구원, 2005, 『울산천전리 진현·압골유적』	발굴
울산문화재연구원, 2005, 『울산천전리 진현·압골유적』	발굴
울산문화재연구원, 2005, 『울산천전리 진현·압골유적』	발굴

번호	유적명	시대	유적 성격
12	울주 천전리 윗진티 유적	통일신라	윗진티마을 동쪽 구릉에 위치. 통일신라~조선시대 토기, 백자 등이 채집되어 분묘와 주거지 등이 분포 가능.
13	울주 천전리 아랫진티 유적	청동기	윗진티 유적과 마주보는 구릉에 위치. 마제석부, 도질토기, 연질토기 등이 채집. 청동기시대, 삼국시대 주거지 분포 추정.
14	울주 반곡리 고하 고분군	삼국	고하마을 동쪽 고하골에 위치. 파괴된 석곽묘가 다수 확인되고 장경호, 단경호 등 유물 다량 채집. 유물들은 5~6세기 편년되는 것으로 삼국시대 고분군으로 판단.
15	울주 반곡리 반곡천 유물산포지	삼국	반곡리 고하 고분군 동쪽에 위치. 토기와 백자 분청 등이 채집. 삼국시대 주거지 또는 조선시대 주거지, 분묘 등의 분포 추정.
16	울주 대곡리 암골 유물산포지	통일신라	한실마을 북쪽 암골에 위치. 부가구연장경호 등이 채집되어 통일신라시대 고분군 분포 추정.
17	울주 대곡리 한실 유물산포지	조선	한신마을 수몰지구에 위치. 조선시대 분청사기와 백자, 옹기 등의 파편이 채집. 조선시대 주거지와 거주지 등의 분포 가능.
18	울주 천전리 유적	조선	천전마을 북서쪽에 위치. 근·현대 사용된 수로가 확인되었으며 다른 유구는 확인되지 않았다.
19	울주 천전리 고분군	삼국	대현마을 북서쪽 구릉에 위치. 능선을 중심으로 지름 5~7m 원형봉분 10여 기 확인. 삼국시대 토기편 확인으로 삼국시대 고분 유적 추정.
20	울주 천전리 서당 요지	조선	대현마을 북쪽 구릉 사면에 위치. 분청사기, 백자 등 자기 편과 가마 벽체 파편 등 채집. 조선시대 가마가 분포하는 요지로 판단됨.
21	울주 천전리 국사림 유물산포지	조선	장천마을 동북쪽 구릉사면에 위치. 분청사기와 백자, 토기 등의 유물 채집. 조선시대 주거지와 분묘 등의 분포 추정.
22	울주 천전리 장천사지	통일신라	국사림 유물산포지 동쪽 구릉 말단부에 위치. 건물지 5동, 담장지 2개소, 배수로 10여 개소, 축대 2개소 등 총 30여 기의 유구 조사. '長川寺'라는 명문이 새겨진 기와 출토.
23	울주 천전리 유적	조선	방리 야철지 남쪽에 있는 구릉에 위치. 와요 10기, 옹기요 1기, 소결유구 7기 등 36기의 유구 조사.
24	울주 천전리 방리 야철지	조선	대곡댐 수몰지구 내에 위치. 제련로 2기, 소성유구 2기 등 5기의 유구 조사.
25	울주 천전리 방리 사지	통일신라	건물지 6동, 담장지 4개소, 배수로 2기 등 19기의 유구 조사. 출토유물로 보아 통일신라시대~조선시대까지 존속한 절터로 판단.

조사기관, 참고문헌	조사
울산광역시, 2003, 『문화유적분포지도-울주군』	지표
울산광역시, 2003, 『문화유적분포지도-울주군』	지표
울산광역시, 2003, 『문화유적분포지도-울주군』	지표
울산광역시, 2003, 『문화유적분포지도-울주군』	지표
울산광역시, 2003, 『문화유적분포지도-울주군』	지표
울산광역시, 2003, 『문화유적분포지도-울주군』	지표
중앙문화재연구원, 2004, 『국도 35호선(인보-도계간)확.포장공사구간내 발굴조사 보고서』	발굴
울산광역시, 2003, 『문화유적분포지도-울주군』	지표
울산광역시, 2003, 『문화유적분포지도-울주군』	지표
울산광역시, 2003, 『문화유적분포지도-울주군』	지표
한국문화재보호재단, 2008, 『울산 활철, 서하, 천전리유적』	발굴
한국문화재보호재단, 2008, 『울산 활철, 서하, 천전리유적』	발굴
한국문화재보호재단, 2004, 『울산권 광역상수도(대곡댐)사업 편입부지 내 2차 발굴조사 울산 천전리, 방리, 고지평유적』	발굴
한국문화재보호재단, 2004, 『울산권 광역상수도(대곡댐)사업 편입부지 내 2차 발굴조사 울산 천전리, 방리, 고지평유적』	발굴

번호	유적명	시대	유적 성격
26	울주 천전리 방리 유적	통일신라	방리마을 구릉 말단부에 위치. 통일신라시대 건물지 2동, 배수로 3개, 토기가마 4기, 조선시대 건물지 2동 등 66기의 유구 조사.
27	울주 천전리 고지평 자기요지	조선	방리말을 북동쪽 구릉 말단부에 위치. 자기가마 3기, 회구부 1개소 등 10기의 유구 조사. 조선시대 백자 가마터 유적.
28	울주 서하 유적	청동기	청동기시대 주거지 6기, 구상유구 3기 조사. 유물로 발형토기 등 확인.
29	울주 서하리 앞들 유적	청동기	서하마을 동쪽 앞들에 위치. 청동기시대 주거지 5동, 구상유구 2기 등 조사. 주거지 내에서 공열토기 등이 출토
30	울주 서하리 고분군	삼국	서하마을 남쪽 구릉에 위치. 석곽묘에 사용된 석재로 추정되는 할석 확인, 삼국시대 토기편 채집.
31	울주 서하리 대정 유물산포지	삼국	서하마을 서쪽 구릉에 위치. 파상문이 시문된 토기와 백자 등의 파편이 채집. 삼국시대와 조선시대 분묘, 주거지 등이 분포할 것으로 생각.
32	울주 인보리 덕거 유물산포지	조선	인보에서 북쪽에 있는 구릉 사면부에 위치. 백자의 파편이 채집. 조선시대 분묘와 주거기 등의 분포 추정.
33	울주 삼정리 하삼정 고분군	삼국	하삼정마을 구릉에 위치. 삼한시대 목곽묘, 삼국시대 목곽묘, 적석목곽묘 등 확인. 유구는 1,000여 기에 이르며 시기는 3~6세기로 판단.
34	울주 삼정리 하삼정 유적	삼한	하삼정마을 동쪽 구릉에 위치. 청동기시대 주거지 1동, 삼국시대 목곽묘 4기, 옹관묘 3기, 목관묘 29기 등 총 108기의 유구 조사.
35	울주 삼정리 유적	조선	시굴조사에서 청동기시대 유구들이 확인, 다수의 무문토기 출토
36	울주 태기리 유물산포지	조선	태기리 동쪽 구릉에 위치. 백자와 토기편들 채집. 조선시대 분묘, 주거지 등의 분포 가능.

조사기관, 참고문헌	조사
한국문화재보호재단, 2004,『울산권 광역상수도(대곡댐)사업 편입부지 내 2차 발굴조사 울산 천전리, 방리, 고지평유적』	발굴
한국문화재보호재단, 2004,『울산권 광역상수도(대곡댐)사업 편입부지 내 2차 발굴조사 울산 천전리, 방리, 고지평유적』	발굴
한국문화재보호재단, 2008,『울산 활철, 서하, 천전리유적』	발굴
중앙문화재연구원, 2004,『국도 35호선(인보-도계간)확.포장공사구간내발굴조사 보고서』	발굴
울산광역시, 2003,『문화유적분포지도-울주군』	지표
울산광역시, 2003,『문화유적분포지도-울주군』	지표
울산광역시, 2003,『문화유적분포지도-울주군』	지표
한국문화재보호재단, 2009,『울산권 광역상수도(대곡댐)사업 부지내 4차 발굴조사 울산 하삼정고분군 Ⅰ』	발굴
한국문화재보호재단, 2010,『울산권 광역상수도(대곡댐)사업 부지내 4차 발굴조사 울산 하삼정고분군 Ⅱ』	
한국문화재보호재단, 2011,『울산권 광역상수도(대곡댐)사업 부지내 4차 발굴조사 울산 하삼정고분군 Ⅲ』	
한국문화재보호재단, 2011,『울산권 광역상수도(대곡댐)사업 부지내 4차 발굴조사 울산 하삼정고분군 Ⅳ』	
한국문화재보호재단, 2012,『울산권 광역상수도(대곡댐)사업 부지내 4차 발굴조사 울산 하삼정고분군 Ⅴ』	
한국문화재보호재단, 2007,『울산권 광역상수도(대곡댐)사업 편입부지내 3차 발굴조사 울산 하삼정유적, 방리옹기유적』	발굴
한국문화재보호재단, 2008,『울산권 광역상수도(대곡댐)사업 편입부지내 5차발굴조사 울산 대밀, 양수정, 상삼정, 삼정리유적』	발굴
울산광역시, 2003,『문화유적분포지도-울주군』	지표

번호	유적명	시대	유적 성격
37	울주 태기리 자기 요지	조선	사연댐 서쪽 끝 골짜기에 위치. 분청사기, 백자 등이 다량 채집. 조선시대 분청사기 등을 제작하던 가마터로 생각된다.
38	울주 천전리 공룡발자국 화석	백악기	천전리 암각화 앞의 개울 건너편 넓은 반석 위에 위치. 사연리층의 중회색 사질 이암층에 200여 개의 백악기 공룡 발자국. 크기 20~70cm, 보폭 120~170cm, 중대형의 초식공룡 울트라사우루스 등이 대표적
39	울주 대곡리 공룡발자국 화석	백악기	약 13개의 공룡발자국. 크기 74~76cm, 깊이 7~10cm

조사기관, 참고문헌	조사
울산광역시, 2003, 『문화유적분포지도-울주군』	지표
울산광역시 문화재자료 제6호	문화재
울산광역시 문화재자료 제13호	문화재

주

01 이하 울산 천전리 각석의 실측도, 실측 통계는 전호태, 장명수, 강종훈, 남연의, 윤효정(2014)에 의한다.

02 수렵과 채집으로 살아가는 사람들은 3세대 정도의 한 가족으로 볼 수 있는 10명 내외의 작은 무리로 나뉘어 살다가 정기적으로 특정한 장소에 모여 며칠 동안 주요한 의례를 행한 뒤 다시 흩어지는 게 관례이다(조지프 캠벨 지음, 이진구 옮김, 2003). 기원전 11500년까지 거슬러 올라가는 터키 괴베클리 테페 신석기시대 신전들도 정기적인 제례를 위해 모인 수렵채집민들이 남긴 것으로 이해되고 있다.

03 이하 천전리 각석의 점 쪼기 동물문에서 읽을 수 있는 신화적 관념에 대해서는 전호태(2018a) 참조.

04 조지프 캠벨 지음, 구학서 옮김, 2016: 205~214

05 전호태, 2016

06 제임스 C. 스콧은 국가의 성립 이후에도 많은 사람들이 국가에 속하여 통제받기를 거부하고 사냥과 채집으로 살아가기를 선택했다고 보았다. 실제로도 일반민의 입장에서는 농경, 목축으로 살기보다 사냥과 채집으로 사는 삶이 더 안정적이고 자유로웠다는 것이다(제임스 C. 스콧 지음, 전경훈 옮

김, 2020: 293~298).

07 조지프 캠벨 지음, 이윤기 옮김, 2018: 55

08 나카자와 신이치 지음, 김옥희 옮김, 2005: 30

09 조지프 캠벨 지음, 구학서 옮김, 2016: 55

10 이정재, 2001: 103~129

11 조지프 캠벨 지음, 구학서 옮김, 2016: 205~274

12 나카자와 신이치 지음, 김옥희 옮김, 2005: 30

13 제레드 다이아몬드는 인간이 각 대륙 대형 포유류의 멸종에 결정적 역할을 했다고 본다(제레드 다이아몬드 지음, 김진준 옮김, 1998: 57~60). 이와 달리 헤르만 파르칭거는 오버 킬 가설에 회의적이다. 그는 주요 대형 포유류의 멸종은 기후 변화를 비롯한 몇 가지 원인이 한꺼번에 작용하면서 일어난 사건으로 본다(헤르만 파르칭거 지음, 나유신 옮김, 2020: 133).

14 이하 천전리 각석 갈아 새김 기하문에 투사된 관념에 대해서는 전호태(2016) 참조.

15 아리엘 골란은 동심원 형태의 하늘 상징이 하늘이 몇 개의 층으로 이루어졌다는 사고와 관련이 있다고 보았다(아리엘 골란 지음, 정석배 옮김, 2004: 63).

16 선사시대의 종교신앙에서 큰 여신은 사람의 의식주에 다 관여하는 존재였다(조지프 캠벨 지음, 구학서 옮김, 2016: 55).

17 신화적 사고에서 뱀은 번개를 구현하는 존재로 이해되었다(아리엘 골란 지음, 정석배 옮김, 2004, 『세계의 모든 문양』, 푸른역사, 343쪽).

18 한국의 암각화 바위나 고인돌에 새겨진 화살촉이나 검은 남성의 상징으로 이해되지만 때로 여성의 성기를 나타낸 것으로 해석되기도 한다. 화살촉이나 검이 새겨진 암각화의 사례는 전호태, 이하우, 박초아(2017)참조.

19 나희라, 2017: 9~11

20　한국의 기자(祈子)바위는 전국적 분포를 보인다(秋葉隆, 1954: 120; 김대성·윤열수, 1997: 22~24).

21　전호태, 2005

22　아리엘 골란 지음, 정석배 옮김, 2004: 389~390

23　유럽의 고대와 중세에 원은 태양의 표현으로 이해되었다(아리엘 골란 지음, 정석배 옮김, 2004: 75~77).

24　전호태, 2016

25　정복자들이 풍기던 분위기는 특별했을 것이다. 일본 장식고분 및 전방후원분의 출현 과정에 대해서는 白石太一郞, 1993: 82~90; 諫早直人, 2015: 168~169참조.

26　실제 일본 고훈시대 중기 고분에 금속제 투구와 갑옷, 무기류가 다수 부장되었다(森本徹, 2015: 78~79).

27　천전리 각석 암각 작업의 선후에 대해서는 전호태(2016) 참조.

28　토질이 비옥하여 5곡이 잘 자라며 누에치기와 뽕나무 가꿀 줄 알고 비단과 베를 짠다. 소나 말을 타고 다니며 혼인은 예의에 맞게 하며 길에 다니는 사람들은 서로 길을 비켜 준다.『後漢書』卷85,「東夷列傳」75, 韓傳, 辰韓.

29　복천박물관, 2014: 104

30　전호태, 2016

31　김현권, 2011: 99~100

32　천전리 각석에 세선각화로 묘사된 용 네 마리의 성격에 대해서는 전호태(2015) 참조.

33　國立歷史民俗博物館編, 1993: 77

34　『三國遺事』卷2,「紀異」2, 萬波息笛.

35　전호태, 2015: 19~20

36　『三國遺事』卷1,「紀異」1, 新羅始祖 赫居世王.

37 이하 천전리 각석 명문에 대한 정리는 전호태(2018b) 참조.

38 처음에 남해왕(南解王)이 죽고 그 아들 노례(弩禮)가 왕위를 탈해(脫解)에게 사양하니, 탈해가 말하기를 "내가 들으매 거룩하고 슬기로운 사람(聖智人)은 이가 많답디다." 하면서 곧 떡을 씹어 시험해 보았다.『三國遺事』卷1,「紀異」1, 第二 南解王; 원래 남해가 세상을 떠났을 때 유리가 즉위함이 마땅했으나 대보(大輔) 탈해(脫解)가 평소에 덕망이 있다고 하여 그 위(位)를 미루어 양보하자 탈해가 말했다. "신기대보(神器大寶)는 용렬한 사람이 감당할 바가 못 됩니다. 내가 들으니 성스럽고 지혜로운 사람은 치아가 많다고 하니 떡을 물어 시험해 봅시다." 유리의 치아가 많았으므로, 좌우 사람들과 더불어 그를 받들어 세우니 이사금(尼師今)이라 칭했다.『三國史記』卷1,「新羅本紀」1, 儒理尼師今 1年 가을 9月. 결국, 박 씨인 유리이사금을 이어 석 씨인 탈해가 왕이 되니 왕가가 바뀐 셈이다.

39 이사금 시대에 박 씨와 석 씨가 번갈아 왕위에 오르고, 마지막에는 알지의 7세손인 미추가 이사금이 되었으니 신라에서는 왕가가 여러 차례 바뀐 셈이다(『三國遺事』卷1,「紀異」1, 味鄒王 竹葉軍).

40 필자는 고구려에서 신라로 불교가 전해지는 과정을 다룬 다른 책에서 알지 가문이 신라에 출현하는 과정이 이와 같았을 것으로 상정하였다(전호태, 2019).

41 진흥왕이 왕위에 올랐다. 이름은 삼맥종(彡麥宗) 또는 심맥부(深麥夫)라고도 썼다. 이때 나이는 7세였다. 법흥왕(法興王)의 동생인 갈문왕(葛文王) 입종(立宗)의 아들이고, 어머니는 김 씨(金氏)로 법흥왕의 딸이다. 왕비는 박 씨(朴氏) 사도부인(思道夫人)이다. 왕이 어렸으므로 왕태후(王太后)가 섭정하였다(『三國史記』卷4,「新羅本紀」4, 眞興王 1年 가을 7月).

42 인규가 떠올린 것은 유신이 18세에 國仙, 곧 화랑이 된 뒤 고구려의 첩자 백석의 꾐에 빠져 북으로 올라갈 때, 이를 제지하고 유신을 도운 나림, 혈례, 골화 삼산(三山)의 여산신과 관련된 일화일 것이다(『三國遺事』卷1,「紀異」1, 金庾信). 경주에서 영천 사이로 비정되는 삼산 가운데 하나가 아니더

라도 경주와 언양 사이에 있는 천전리 글바위는 김유신 가문이 찾아올만한 성스러운 장소였다고 할 수 있다.

43 그림으로 제시한 명문의 번호는 전호태, 장명수, 강종훈, 남연의, 윤효정(2014)에 기재된 도면 번호이다.

44 신라의 다른 금석문에는 고구려 관등인 大兄加가 보이지 않는다. 『翰苑』에는 大兄이 아닌 大兄加가 고구려 관등명으로 기록되었다(高麗記曰. 其國建官有九等. …次大使者, 比正四品, 一名大奢. 次大兄加, 比正五品, 一名纈支…『翰苑』, 「蕃夷部」高麗).

45 大書省一人 眞興王以安藏法師爲之『三國史記』卷40, 「雜誌」9, 職官 下; (夾註) 新羅眞興王十一年庚午 以安藏法師爲大書省一人 又有小書省二人『三國遺事』卷4, 「義解」5, 慈藏定律.

46 火는 벌(伐)의 훈차이다.『三國史記』권34, 「雜志」3, 地理1. 良州 居知火縣.

47 전호태, 2018b

48 世謂安常爲俊永郎徒 不之審也 永郎之徒唯眞才繁完等知名 皆亦不測人也 詳見別傳『三國遺事』卷3, 「塔像」4, 栢栗寺.

49 大玄은 효소왕 시대에 국선이 된 부례랑의 부친이다(天授三年壬辰九月七日 孝昭王奉大玄薩喰之子夫禮郎爲國仙 …『三國遺事』卷3, 「塔像」4, 栢栗寺).

50 나희라, 2017: 6

51 이유수, 1986

52 필자는 울산 천전리 각석 앞 대곡천 건너 대지를 원효가 머문 반고사터로 보았다(전호태, 2004).

53 『三國遺事』卷4, 「義解」5, 二惠同塵.

참고문헌

諫早直人, 2015, 「고훈시대의 말갖춤」, 『일본의 고훈문화』국립경주박물관.

김대성·윤열수, 1997, 『한국의 性石』, 푸른숲.

김현권, 2011, 「천전리 암각화에 대한 신라인의 이해와 행렬도 제작」, 『강좌 미술사』36, 한국불교미술사학회.

나카자와 신이치 지음, 김옥희 옮김, 2005, 『곰에서 왕으로-국가 그리고 야만의 탄생』, 동아시아.

나희라, 2017, 「울주 천전리 각석과 신라인의 바위신앙」, 『신라문화』 50.

白石太一郎, 1993, 「石人·石馬と裝飾古墳の世界-九州の裝飾古墳-」, 『裝飾古墳の世界』朝日新聞社.

복천박물관, 2014, 『고대의 언어 그림』.

森本徹, 2015, 「고훈시대 중기」, 『일본의 고훈문화』, 국립경주박물관.

아리엘 골란 지음, 정석배 옮김, 2004, 『세계의 모든 문양』, 푸른역사.

이유수, 1986, 『蔚山地名史』, 울산문화원.

이정재, 2001, 「아이누족의 곰 축제」, 『중앙민속학』9.

전호태, 2004, 『신라시대의 울산과 불교』, 울산대학교출판부.

전호태, 2005, 『청동기시대 울산의 마을』, 울산대학교출판부.

전호태, 2015, 「울산 천전리 서석 암각화의 용」, 『한국고대사연구』 77.

전호태, 2016, 「천전리 암각화로 본 한국 선사 및 고대 미술양식」, 『역사와현실』 101.

전호태, 2018a, 「울주 천전리 암각화 동물문 연구」, 『한국사연구』 182.

전호태, 2018b, 「천전리 각석 명문 연구」, 『한국고대사연구』 91.

전호태, 2019, 『황금의 시대 신라』 풀빛.

전호태, 이하우, 박초아, 2017, 『한국의 풍요제의 암각화』, Hollym.

전호태, 장명수, 강종훈, 남연의, 윤효정, 2014, 『울산 천전리 암각화』, 울산대학교 반구대 암각화유적보존연구소.

제레드 다이아몬드 지음, 김진준 옮김, 1998, 『총, 균, 쇠』, 문학사상.

제임스 c. 스콧 지음, 전경훈 옮김, 2020, 『농경의 배신』, 책과 함께.

조지프 캠벨 지음, 구학서 옮김, 2016, 『여신들: 여신은 어떻게 우리에게 잊혔는가』, 청아출판사.

조지프 캠벨 지음, 이윤기 옮김, 2018, 『천의 얼굴을 가진 영웅』, 민음사.

조지프 캠벨 지음, 이진구 옮김, 2003, 『신의 가면1(원시신화)』, 까치.

秋葉隆, 1954, 『朝鮮民俗誌』, 六三書院.

헤르만 파르칭거 지음, 나유신 옮김, 2020, 『인류는 어떻게 역사가 되었나』, 글항아리.

울산 천전리 각석 연구 및 스토리텔링에 참고가 되는 **문헌목록**

강삼혜, 2010, 「천전리 암각화의 기하학적 문양과 선사미술」, 『천전리 암각화 발견 40주년기념학술대회 논문집』.

강영경, 2015, 「울산 천전리 서석곡의 명문과 세선화에 보이는 여성」, 『한국암각화연구』19.

강종훈, 1999, 「울주 천전리 서석 명문에 대한 일고찰」, 『울산연구』1, 울산대학교 박물관.

강종훈, 2014, 「울산 천전리 각석 명문의 새로운 판독과 해석」, 『한국암각화연구』18.

강종훈, 2016, 「명문의 새로운 판독을 통해 본 울주 천전리 각석의 성격과 가치」, 『대구사학』123.

김용선, 1979, 「울주 천전리 서석명문 연구」, 『역사학보』81.

김은선, 2010, 「천전리 암각화 동물상의 도상학적 의미와 양상」, 『천전리 암각화 발견 40주년기념 학술대회논문집』.

김인희, 2010, 「기하학문으로 본 천전리 암각화」, 『한국암각화연구』14.

김정배, 2010, 「천전리 암각화의 한국사에서의 의의」, 『천전리 암각화 발견 40주년기념 학술대회논문집』.

김창호, 1995, 「울주 천전리 서석의 해석문제」, 『한국상고사학보』19.

김태식, 2005,「제장으로서의 천전리 서석곡과 제관으로서의 신라왕실의 여인들」,『한국암각화연구』6.

김현권, 2011,「천전리 암각화에 대한 신라인의 이해와 행렬도 제작」,『강좌 미술사』36.

김호석, 2005,「천전리 암각화의 도상해석」,『한국암각화연구』6.

김호석, 2007,「한국암각화와 북방아시아 지역 암각화의 조형적인 특징 비교연구」,『中央아시아硏究』12.

나희라, 2017,「울주 천전리 각석과 신라인의 바위신앙」,『신라문화』50.

문명대, 1973,「蔚山의 先史時代 岩壁刻畵」,『文化財』7.

문명대, 2010,「천전리 암각화의 발견의미와 도상의 재해석」,『천전리 암각화 발견 40주년기념학술대회논문집』.

박영희, 2005,「천전리 암각화의 기하문양 중 마름모꼴의 상징성에 대한 일고찰」,『한국암각화연구』6.

박정근, 2001,「한국의 암각화 중 인물상에 대한 고찰」,『민속학연구』9.

박정근, 2005,「천전리 암각화의 선각그림 분석」,『한국암각화연구』6.

서영대, 2009,「한국 암각화의 신앙과 의례」,『한국암각화연구』11,12집 합본.

송화섭, 1991,「한국의 암석각화와 그 의례에 대한 고찰」,『한국사상사-석산한종만박사화갑기념논문집』.

송화섭, 1993,「韓半島 先史時代 幾何文岩刻畵의 類型과 性格」,『선사와 고대』5.

송화섭, 1996,「한국 암각화의 신앙의례」,『한국의 암각화』, 한국역사민속학회 편, 한길사.

아나티, 2000,「선사바위그림의 출현배경과 의미」,『울산암각화 발견 30주년 기념 암각화국제학술대회논문집』, 예술의 전당, 울산시. .

예술의 전당, 울산시, 2000,『울산암각화 발견 30주년 기념 암각화국제학술대회 논문집』.

울산대학교 반구대 암각화유적보존연구소·한국암각화학회, 2016,『울산 반구대 암각화와 천전리 각석 연구』.

윤명철, 2010,「울산 천전리 암각화와 해양문화의 연관성」,『한국암각화연구』

14.

이문기, 1983, 「울주 천전리 서석 원·추명의 재검토」, 『역사교육논집』 4.

이우태, 1997, 「울주 천전리 서석 원명의 재검토」, 『국사관논총』 78.

이완우, 2010, 「암각화 명문서체 양식」, 『천전리 암각화발견 40주년기념학술대회논문집』.

이융조, 2010, 「천전리 암각화의 고고학적 의의」, 『천전리 암각화발견 40주년기념학술대회논문집』.

이하우, 1995, 「한국식 암각화의 상징에 대하여」, 『慶北藝術』 3.

이하우, 2010, 「천전리의 동물표현, 황금 뿔의 사슴」, 『한국암각화연구』 14.

이하우, 2011, 『한국 암각화의 제의성』, 학연문화사.

임세권, 1999, 『한국의 암각화』, 대원사.

임재해, 1997, 「암각화를 통해 본 탈의 기원과 그 기능 변모」, 『민속연구』 7, 안동대 민속학연구소.

장명수, 1997, 「암각화에 나타난 성신앙 모습」, 『고문화』 50, 한국대학박물관협회.

장명수, 1999, 「암각화를 통해서 본 우리나라 선사인들의 신앙사유」, 『한국암각화연구』 창간호.

장명수, 2004, 「천전리 암각화의 형상분석(Ⅰ)」, 『學藝硏究』 5, 6.

장명수, 2007, 「한국 암각화의 형식분류와 문화특성」, 『한국암각화연구』 10.

장석호, 1991, 「울산 천전리 서석각화 연구」, 『예술문화』 4, 계명대학교 예술문화연구소.

전호태, 1996, 「울주 대곡리, 천전리 암각화」, 『한국의 암각화』, 한국역사민속학회 편, 한길사.

전호태, 1999, 「울주 천전리 서석 세선각화 연구」, 『울산연구』 1, 울산대학교 박물관.

전호태, 2004, 「청동기시대 울산의 마을」, 『울산사학』 11.

전호태, 2004, 『신라시대의 울산과 불교』, 울산대학교출판부.

전호태, 2005, 「울주 천전리 서석 암각화 및 명문의 연구현황과 과제」, 『한국암각화연구』 6.

전호태, 2015, 「울산 천전리 서석 암각화의 용」, 『한국고대사연구』 77.

전호태, 2016, 「울주 천전리 각석의 세선각화와 동아시아 선사고대미술로 본 기록문화」, 『선사와고대』 47.

전호태, 2016, 「천전리 암각화로 본 한국 선사 및 고대 미술양식」, 『역사와현실』 101.

전호태, 2018, 「울주 천전리 암각화 동물문 연구」, 『한국사연구』 182.

전호태, 2018, 「천전리 각석 명문 연구」, 『한국고대사연구』 91.

전호태, 장명수, 강종훈, 남연의, 윤효정, 2014, 『울산 천전리 암각화』, 울산대학교 반구대 암각화유적보존연구소.

정동찬, 1996, 『살아있는 신화 바위그림』, 혜안.

정병모, 2010, 「중국, 시베리아 암각화 人面과 천전리 암각화 인면의 도상해석」, 『천전리 암각화발견40주년기념학술대회 논문집』.

조용진, 2010, 「천전리 얼굴 암각화를 그린 사람들」, 『천전리 암각화 발견 40주년기념학술대회논문집』.

조철수, 2000, 「정보의 발생과 그림문자, 그리고 울산암각화의 상징체계」, 『울산암각화 발견 30주년 기념 암각화국제학술대회논문집』, 예술의 전당, 울산시.

주보돈, 1997, 「울주 천전리 서석 명문에 대한 일검토」, 『석오 윤용진교수 정년퇴임기념논총』.

최광식, 2010, 「천전리 암각화 발견의 역사적 의의」, 『천전리 암각화 발견 40주년기념학술대회논문집』.

한국선사미술연구소, 2003, 『천전리 각석 실측조사보고서』, 울산광역시.

한순미, 2007, 「언어문화적 상상력으로 읽어 본 〈천전리(川前里) 암각화〉」, 『국어국문학』 147.

황수영, 문명대, 1984, 『반구대 암벽조각』, 동국대학교.

황용훈, 1987, 『동북아시아의 암각화』, 민음사.

지은이 소개

전호태(全虎兌)

서울대학교 국사학과를 졸업하고 같은 대학 대학원에서 박사학위를 받았다. 문학박사. 국립중앙박물관 학예연구사, 울산대학교 박물관장 및 대학기록관장, 미국 U.C.버클리대학교 및 하버드대학교 방문교수, 문화재청 문화재 감정위원과 전문위원, 한국암각화학회장을 역임하였다. 현재 울산대학교 역사문화학과 교수 겸 반구대 암각화유적보존연구소장으로 있다. 한국 고대문화사를 전공하였다. 한국의 암각화, 고구려 고분벽화, 중국 고대미술에 관한 글을 다수 발표하였다.

지은이는 고구려 고분벽화를 한국문화사 및 한국미술사의 주요한 연구 분야로 자리 잡게 한 연구자이다. 고분벽화에 대한 지성사적 접근을 시도하여 고고학, 미술사학, 역사학, 종교학을 아우르는 역사자료는 어떻게 접근하고 분석, 종합하는 것이 적절한지 실증적으로 보여주었다. 1990년대 중반부터 어린이부터 어른까지, 일반 시민부터 전문가까지 모든 계층을 위한 고구려 및 고분벽화 교양서와 전문연구서를 발간하였다. 고구려 고분벽화 및 한국암각화에 대한 지은이의 기초자료 정리 결과 및 심도 있는 연구 성과는 한국, 중국, 일본에서뿐 아니라 유럽과 미국에서도 폭넓게 인용되고 있으며 동아시아 미술 관련 연구 및 학습 교재로도 적

극 활용되고 있다. 지은이는 고구려 역사문화 및 고구려 미술에 대한 이해의 폭을 넓히기 위해 고구려사와 고분벽화를 주제로 한 특별전을 국내외에서 여러 차례 기획하고 감독하였다.

지은이가 낸 어린이를 위한 역사 이야기책으로 『고구려 고분벽화 이야기』(사계절, 2007), 『천하의 중심 고구려』(웅진싱크빅, 2006), 『고구려 사람들은 왜 벽화를 그렸나요?』(다섯수레, 1998), 『신라를 왜 황금의 나라라고 했나요?』(다섯수레, 1999), 『고구려 나들이』(보림, 1995) 등이 있다.

청소년 및 일반인을 위한 역사 교양서로 『중국인의 오브제』(성균관대출판부, 2020), 『고대에서 도착한 생각들』(창비, 2020), 『황금의 시대, 신라』(풀빛, 2019), 『고구려 고분벽화와 만나다』(동북아역사재단, 2018), 『한류의 시작, 고구려』(세창미디어, 2018), 『고구려에서 만난 우리 역사』(한림출판사, 2015), 『비밀의 문 환문총』(김영사, 2014), 『고구려 고분벽화 연구여행』(푸른역사, 2012), 『글로벌 한국사1-문명의 성장과 한국고대사』(풀빛, 2011), 『화상석 속의 신화와 역사』(소와당, 2009), 『고구려 고분벽화 읽기』(서울대출판부, 2008), 『벽화여, 고구려를 말하라』(사계절, 2004), 『고분벽화로 본 고구려 이야기』(풀빛, 1999) 등을 냈다.

전문연구서로 『무용총 수렵도』(풀빛, 2019), 『고구려 생활문화사 연구』(서울대출판문화원, 2016), 『고구려 벽화고분』(돌베개, 2016), 『울산 반구대 암각화 연구』(한림출판사, 2013), 『The Dreams of the Living & Hopes of the Dead-Goguryo Tomb Murals』(Seoul National University Press, 2007), 『중국의 화상석과 고분벽화 연구』(솔, 2007), 『고구려고분벽화의 세계』(서울대학교출판부, 2004), 『살아있는 우리역사, 문화유산의 세계』(울산대학교출판부, 2004), 『고구려고분벽화연구』(사계절, 2000) 등을 출간하였다.

국내외에서 기획, 감독한 고구려, 고분벽화 전시로 『고구려 미술전』(국제교류재단·독일베를린국립동아시아미술관, 2005.9, 베를린국립동아시아미술관), 『인류의 문화유산, 고구려』(연합뉴스·일본교도통신, 2006.9, 서울역사박물관), 『한국의 힘과 자부심의 원천, 고구려』(동북아역사재단·LA한국문화원, 2007.5, LA한국문화원), 『고대 동북아 문화의 중심, 고구려고분벽화특별전』(동북아역사재단·일본벳부대학, 2007.11, 일본벳부대학역사문화종합센터), 『고대 동아시아 문화의 빛, 고구려』(동북아역사재단, 2009.6~10, 몽골 국립중앙박물관, 카자흐스탄 대통령문화관, 키르기스스탄 국립미술관), 『고구려』(유네스코, 2012.10.11.~26, 파리 유네스코 본부) 등이 있다.

찾아보기

ㄱ

가지산 쌀바위 187, 190
감은사(感恩寺) 126, 193
갑인명 170-171, 177
개성3년명 175
거친무늬 거울(조문경, 粗紋鏡) 85
계룡(鷄龍) 123, 130
계사명 170, 177
계해명 116-117, 141, 172, 177
고훈시대 87, 91, 93-95, 219
금강경론소 202
금관국 32
금장대 74, 97
금족(金族) 165
기자(祈子) 바위 201, 219
김유신 32-33, 163, 174, 176, 221
김춘추 167, 174, 176

ㄴ

남근석 188, 201

ㅁ

만파식적(萬波息笛) 126, 174

문암(文巖) 5, 104, 175, 178

ㅂ

박혁거세 130
반고사 202, 208, 221
반구대 5, 9-10, 27-28, 51, 60-61, 106, 124, 133, 193, 208
반구대암각화 9-10, 51, 124, 133, 193
변한(弁韓) 99
병술명 116-117, 178
병신명 175, 178
부걸지비 7, 169
부궤화상(負簣和尙) 203

ㅅ

사로국 113
사부지갈문왕 5, 7, 133, 137, 158-159, 167, 169-170
삼국유사(三國遺事) 126, 202
삼한(三韓) 76, 87-89, 91, 99, 113, 183, 205, 212
상원2년명 174, 178
상원4년명 174, 178

233

신해명 172, 175, 178
심맥부지 7, 137, 158-159, 162-163, 165, 169, 172, 177

ㅇ
아이누족 53
알영 123, 130
알지 25, 95, 103, 108, 122, 143-144, 148-150, 152-154, 157-159, 162, 165, 182, 196-198, 200, 204, 220
알지신 143, 148, 152-153, 165, 196
야요이시대 86-89, 91
어사추녀랑왕 167, 169
여근석 201
용연(龍淵) 126
원명(原銘) 7, 112, 116, 123-124, 133-135, 137, 159, 167, 169, 178, 197
원효대사 202
을묘명 171, 177
을축명 172, 177
이차돈(異次頓) 166

ㅈ
잔무늬거울(세문경, 細紋鏡) 85
전방후원분(前方後圓墳) 87, 94, 219
조몬시대 87
조지야마[銚子山] 고분 124
지몰시혜비 158-159, 169
지소부인 7, 169
진한(辰韓) 77, 99, 113, 144

ㅊ
천마총 115, 124-125
청동거울(동경, 銅鏡) 55, 61, 85-86
청동의기(青銅儀器) 76, 85
추명(追銘) 7, 112, 115-116, 123-124, 133-135, 142, 159, 167, 169, 171

ㅌ
탈해 148-149, 220
태자 이공(理恭) 126

ㅎ
하니와 93-94, 96, 124, 126
항사사(恒沙寺) 203
혜공 116, 175, 178, 194-196, 198, 202-203
호모 사피엔스 58
화랑바위 163, 176
후한서 113